人事・総務担当者のための
ハラスメント研修
設計・実践ハンドブック

加藤貴之［著］

日本法令

まえがき

　ハラスメントを防止するには、研修が効果的です。

　研修は、弁護士、社会保険労務士、カウンセラー、コンサルタントなど、外部講師に依頼する方法があります。経営者向け講習や相談担当者研修は、外部講師でないと難しいかもしれません。

　しかし、管理職研修や一般社員研修は、各事業所内の人事担当者、総務担当者などが研修を行ったほうが、会社にとって大きなメリットがあります。

　「教える立場」になった経験のある方ならわかると思いますが、教えるためには、かなりの勉強をしなければなりません。そのプロセスで自分に力が付いていったと感じたことのある方は多いのではないでしょうか。

　社内のハラスメントを防止していくためには、会社として力を付けることが重要です。それには、まず人事・総務担当者が力を付けることです。

　ハラスメント研修を担当すると、勉強せざるを得なくなり、ハラスメントについての理解が深まります。これが、後々、ハラスメント問題が発生したときに、適切な対応を生む基盤となります。ハラスメントについて深く理解している人が対応すれば、適切な対応につながるはずです。

　受講した管理職や一般社員は、知識が増えますし、教える側の研修担当者も知識や理解が深まり、判断力が高まっていきます。

　筆者は、これまで多数の研修をさせていただきましたが、難しい質問を受けて答えられなかったりするたびに、いろいろな気づきがあり、非常に勉強になりました。恥をかかないようにしたいと思う

と、もっと勉強せざるを得なくなります。教える難しさを実感する過程で、ハラスメントに対する理解が深まったような気がします。

　研修担当者には、そういった大きなメリットがあります。そのメリットを外部の人に与えてしまうのは、もったいないのではないでしょうか。

　筆者の知り合いで、ハラスメントのことなど、ほとんど知らなかった会社員の人が、社内のハラスメント研修担当者にさせられ、かなりの勉強をしていました。最初は苦労したと思いますが、勉強してどんどん詳しくなっていきました。会社にとって心強い限りです。

　人事総務担当者だけでなく、できれば、各現場の人にもハラスメント研修を担当してもらうのがよいでしょう。10人、20人を相手に教える立場になってみると、勉強せざるを得なくなります。原稿を練り、繰り返し練習するはずですから、1つひとつの言葉の意味についても理解が深まっていきます。各部門の人の理解が深まれば、組織全体で大きな効果があるはずです。

　ハラスメントというのは、「人とどう接するか」、「人とどうコミュニケーションをとるか」という『ピープル・マネジメント』の非常にベーシックな部分と関連しています。筆者の実感ですが、勉強してまったく損のない分野です。おそらく経営者や管理職の方ほど、学びの多い分野だと思います。

　失敗を恐れずに、ぜひ、多くの方にハラスメント研修を担当していただければと思っています。

　研修を担当される方々のご参考になればと思い、本書を執筆しました。

　　令和2年5月

　　　　　　　　　　　　　　　　　　　　　加藤　貴之

目　　次

第1章　研修はシンプルに考える

第2章　研修の準備をする

第3章 法律と指針を確認しておく

第4章 ハラスメントの全体像を把握する

第5章 対応法メニューを選ぶ

対応編

第6章 研修用ツールを作り、ワークを取り入れる

第7章 研修デザインの参考例

第1章
研修は
シンプルに考える

〈本章のねらい〉

　ハラスメント研修は、難しそうに思えるかもしれませんが、基本的には
シンプルです。できるだけ単純化して考え、そこから肉付けをしていくと、
研修をしやすくなります。基本となる要素は、2つだけ。職場に合った形
にするためにカスタマイズする場合は、プラス2の要素を考慮しましょう。

2つの内容だけで、ハラスメント研修はできる

　研修を担当することになったときには、「自分にできるだろうか」と不安な気持ちになるかもしれません。不安を減らすために大切なことは、研修について難しく考えすぎないことです。

ハラスメント研修は、

■伝えることは２つだけ
　　1　ハラスメントとは何か？
　　2　どう対応すればよいか？

■時間は自由（10分でもよいし、３時間でもよい）

■誰でもできる（少なくともやってみる価値はある）

　細かい内容にとらわれると、準備に時間がかかりすぎて、素早い実行ができなくなってしまいます。また、形にこだわりすぎると、本質を見失ってしまうことがあります。

　不格好でも、不十分な内容でもよいですから、一歩前に進めることが重要です。

　「完璧な研修を１回して、それで研修は完了」というやり方よりも、「不十分な研修かもしれないけど、今後、何度もやっていこう。毎回、少しずつ向上させていこう」と考えたほうが担当者として、気が楽になるのではないでしょうか。

効果の面でも、1回限りの完璧な研修で終わってしまうよりも、研修を重ねて、繰り返しメッセージを伝え続けたほうが、浸透する可能性が高まります。

　複数回の研修をする場合、外部の講師に頼むと、かなりコストがかかってしまいますが、内部研修であれば、繰り返しやっても、あまりコストはかからないはずです（「時間」をコストと捉えるなら、「時間コスト」はかかりますが）。

　「まえがき」でも述べましたが、教える立場になると、勉強せざるを得なくなります。教えてもらう側よりも、はるかに多くの勉強をするはずです。それによって、理解が深まり、判断力が付いていきます。

　人事担当者や職場のリーダーが研修担当者になれば、ハラスメントに対する理解が深まり、その分だけ、適切な対応力、解決力が高まっていきます。そういう人が1人でも増えていくことが会社全体の力を高めます。

　難しく考えず、自己流でもよいですから、研修をやっていきましょう。持ち回りで研修を担当するなどして、多くの人が研修を担当することになれば、会社全体の状況が少しずつ良い方向に変化していくはずです。

　まず、次ページの2つの質問に回答してみてください。

　この2つの質問に答えることができれば、それだけで研修は可能です。

　ハラスメント研修のベースとなるものであり、最も重要な要素です。

　次の2つの質問をされたら、あなたならどう答えますか。

1　ハラスメントとは、何ですか？

2　どう対応すればよいですか？

「ハラスメントとは、何ですか?」という問いには、いろいろな答え方ができますので、自分なりの答え方を考えてみてください。

　「ハラスメントとは、人権を侵害する行為です」
　「パワハラとは、優越的な関係を背景とした言動であって、業務上必要かつ相当な範囲を超えたものにより、その雇用する労働者の就業環境が害されること、です」

　という答え方もあるでしょう。

　大切なことは、人に教える視点を忘れないこと。説明したことについて、受講者から質問されたら、答えることができなければいけません。

　「ハラスメントは、人権を侵害する行為」
　と説明するのであれば、
　「人権って、何ですか?」
　と聞かれたときに、答えなければなりません。「人権」について定義できないのに、「人権を侵害する行為」と説明しても、相手は納得してくれません。教えるためには、1つひとつ深く考えておくことが必要です。だからこそ、「借りてきた言葉」ではなく、できるだけ自分の言葉を使って考えて、伝えることが重要になります。

　法律上の定義に従って、
　「パワハラは、優越的な関係を背景とした言動であって、業務上必要かつ相当な範囲を超えたものにより、その雇用する労働者の就業環境が害されること」
　と説明するのであれば、
　「優越的な関係って、何ですか?」
　「業務上必要かつ相当な範囲って、どういう意味ですか?」
　と質問されたときに、答えられるようにしておくことが必要です。

2番目の「どう対応すればよいですか？」という質問についても、自分が答えたことに対して、「もう少し詳しく説明してください」「具体的にどういうことをすればよいのですか？」と聞かれたときに、答えられるようにしておくことが重要です。

　4ページの2つの質問について、想定問答集を作って、それに答えられるかどうか。深く突っ込まれても答えられるか。教える立場の人には、そういった観点からの点検が必要です。

　もし、うまく答えられないのであれば、伝え方を再検討したほうがよいでしょう。法律用語をそのまま使うよりも、自分なりの言葉に変えてしまったほうが、伝えやすくなります。

　法律用語を使わなくても、会社を思う気持ち、社員を思う気持ちを反映した自分なりの言葉にしたほうが、「熱い気持ちが伝わってきた。この問題に取り組まなければいけない」と思ってもらえる可能性が高まります。

　筆者の場合は、熱い思いを伝えるやり方ではなく、シンプル化することに力を入れています。

　「ハラスメントとは何か？」

　　……一方的な言動

　「どう対応すればよいか？」

　　……双方向のコミュニケーションにする

　と捉えています。

　これに肉付けをすることで、だいたいのハラスメント研修は設計できています。

　相手から一方的な言動をされると、誰でも不快に感じます。それは、自分が尊重されていないと感じるからです。一方的な状態が続くと、不快な感情が蓄積されていき、そこに暴言などがあると、「ハ

ラスメントをされているのではないか」「いじめられているのではないか」と感じる人も出てきます。

　それでも我慢する人は少なくありませんが、我慢の限度を超えれば、トラブル（ハラスメントの訴えなど）になります。一方的な状況をやめない限り、トラブルの種は燻り続けます（**第4章**参照）。

　「どう対応したらよいか」ということについては、コミュニケーションにフォーカスしています。

　ハラスメントの多くは、価値観を押し付けたり、考えを押し付けたりするコミュニケーションがとられています。そうした一方的なコミュニケーションを双方向の形にしていくことが、ハラスメントのリスクを減らします。

　仕事においては、上司が部下に「どうしてもやってくれ」と言わざるを得ない場面も出てきます。その場面で一方的になるのはやむを得ませんが、別の場面では、部下の話をよく聴いたりして双方向性を保っておくことが重要です。トータルとして双方向的であれば、ハラスメントとは思われにくくなります。

　単純化して言えば、「1→2」。ワンウェイ・コミュニケーションをツーウェイ・コミュニケーションにすることが、ハラスメント防止につながると捉えています。

　あくまでも筆者の例であり、どのような定義付けも自由です。想定問答に答えなければなりませんから、法令上の定義を使う場合でも、自分の言葉で説明できるようにしておくことが重要です。

研修は「判断力」と「対応力」を高めてもらうもの

　前項では、2つの質問について考えていただきました。

① 　ハラスメントとは何か？
② 　どう対応すればよいか？

　この2つを明確にしておくだけで、ハラスメント研修は可能になります。

　少し理論的な説明をしますと、研修というのは、「教育訓練」と呼ばれることもあり、「教育（education）」と「訓練（training）」に分けられます。

　「教育」というのは、簡単に言えば、全体像を知ることです。全体像を知ると、「防止対策をとらなければ何が起こるか」を予測できるようになります。

　全体像がわかり、必要性についての理解ができて「やったほうが良さそうだ」と思えば、対策は進んでいきます。

　ただし、内容を理解できても、具体的に何をしてよいかがわからなければ、実効性が高まりません。

　「訓練」は、スキルを高めて、実際に対応できるようにすることです。

　海外では、医学の例が用いられています。医学生は、「教育」によって、体と心の全体についての知識を学びます。体の各部位はつながっていますから、それぞれが影響し合っています。全体像を把

握しておくことで、病気によってどんなことが起こるかを予測できるようになります。

　そのうえで、「訓練」によって、診断法、治療法、手術法などを学び、スキルを高めていきます。各臓器別の治療スキルは訓練によって高められていきますが、もし、体の全体像を知らずに臓器の治療法だけを勉強していたら、その臓器が治っても、他の臓器に悪影響が出るかもしれません。

　一流の外科医は、自然に手が動くくらいに訓練している一方で、全体像を理解しているため、予期せぬことが起こったときにも適切な判断ができるそうです。

　「教育」によって全体像を理解することは、何が起こるかわからない状況の中で、柔軟に対応できる判断力を高めます。一方、「訓練」は、スキルを確固たるものにして、無理なくそのアクションができる状態にすることです。

　ハラスメント研修も、基本的には同じです。

　ハラスメントの全体像を理解してもらうのが「教育」です。ハラスメントはバリエーションが多いため、すべてを網羅して伝えることはできません。人間関係においては、典型的な例だけでなく、滅多に起こらない例もありますので、個別ケースごとの判断が求められます。「ハラスメントとは何か？」という全体像を理解していれば、想定外のケースが出てきても、「この場合は、こうではないか」という判断ができます。

　一方、ハラスメントを防ぐ対応スキルを高めてもらうのが「訓練」です。コミュニケーション法、マネジメント法、指導法、アンガー・マネジメントなど、さまざまなスキルが考えられます。

　「教育」と「訓練」という研修の２つの柱を単純化したものが、前

述した２つの質問です。

「教育」……「ハラスメントとは何か？」を理解してもらう
「訓練」……「どう対応したらよいか？」を身に付けてもらう

あとは、この２つの組合せです。
「ハラスメントとは何か？」と「どう対応したらよいか？」のどちらの配分を増やすかは状況次第です。
　一般的に言えば、初期段階の研修では前者を増やし、回数を重ねるごとに、後者を増やしていきます（**図表1-1**）。
　何度もハラスメント研修を受けている人が、繰り返しハラスメントの全体像を聞くと、「もう、そんなことはわかっている」という気持ちになります。全体像の部分を減らして、具体的な対応法やケース別対応法など、対応スキルのほうにウエイトを移していくのがよいでしょう。
　また、受講者の役職によっても変える必要があります。経営者や幹部など地位の高い人の場合は、個別スキルを身に付けることよりも全体像を把握することのほうが重要です。それに対して、新任管理職研修の場合は、スキルも身に付けてもらう必要がありますから、スキルにもウエイトを置く必要があります。

　研修の場合、時間の制約があります。
「ハラスメントとは何か？」と「どう対応したらよいか？」ということをできるだけシンプルにしておけば、短い時間の研修でも伝えることができます。
　長い説明しか用意していないと、「60分ではとても伝えきれない。もっと研修時間が欲しい」という気持ちになるかもしれませんが、短い説明を用意していれば、「今回は、30分しか時間がとれないの

で、30分でお願いします」と言われても対応できます。3時間の研修を頼まれた場合には、基本的な要素に肉付けをしていけば、長時間の研修でも設計することができます。

◆図表1-1　研修内容の配分

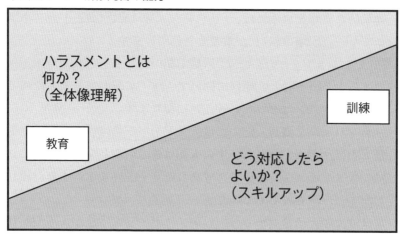

研修回数

- **■教育（education）**　全体像を理解してもらい、予期せぬケースについて適切に判断できるようにしてもらう。「判断力」向上が目的。
- **■訓練（training）**　スキルを身に付けてもらう。意識しなくても、自然にできるレベルになれば、理想的。いくつものメニューがあったほうが、状況に応じて使い分けられる。「対応力」向上が目的。

研修で大切な「リテンション」と「トランスファー」

　効果的な研修をするには、「リテンション（記憶保持）」と「トランスファー（現場移転）」が重要とされています。

　「リテンション」というのは、研修で聞いたことをどれだけ記憶保持できるかということ。研修で聞いて、すぐに忘れてしまったのでは、リテンションはゼロということになります。

　リテンションを高めるためには、メッセージ量は少なく、繰り返し伝えたほうがよいとされます。人間は多くのことを覚えていることはできませんが、少ないことであれば覚えています。また、繰り返し聞くと、忘れにくくなります。

　アメリカの大統領選挙では、短いメッセージの手法がよく使われます。オバマ大統領は、「Yes We Can」をスローガンにして連呼しました。トランプ大統領は、「Make America Great Again」と繰り返し言いました。

　短いフレーズ、ワンフレーズで、印象に残るものであれば、ずっと覚えていてくれるはずです。筆者の友人で、セクハラ研修を受けた人が「事件は2次会で起こる」と講師から聞いて、印象に残ったと言っていました。

　リテンションを高めるためには、つながりを理解してもらうとよいとも言われています。

　AとBがつながっていることがわかると、Aを思い出せないときに、Bから辿っていってAを思い出せることがあります。

　「ハラスメントとは何か」という全体像を知ってもらうことは、つ

ながりやリンクを増やしてもらうことです。思い出すきっかけが増えると、記憶保持・呼び出しにつながります。

　もう1つ重要なのは、「トランスファー」です。「トランスファー」は、研修で学んだことを現場の業務に移転できるかどうかということです。

　研修で習っても、現場で使うことができなければ、役に立ちません。

　「どう対応したらよいか？」というのは、トランスファーと関係しています。研修内容を現場に移転してもらうためには、「どう対応したらよいか？」という内容が不可欠です。

　移転しやすくするには、概念ではなく、具体的なアクションを伝えることが必要です。

　リーダーシップの分野では、「リーダーの仕事は、ゴールをアクションに翻訳すること」と言われています。ゴールは重要ですが、それをアクションに翻訳してあげないと、何をやったらよいかわからない人もいます。

　「ハラスメントをなくしましょう」とゴールだけ伝えても、具体的なアクションの仕方がわからなければ、対応できない人もいます。意識の問題として「言動に気を付けましょう」という伝え方もありますが、具体的なアクションにまで翻訳できているとは言えません。

　例えば、「相手の意向を確かめましょう」といった具体的なアクションに翻訳して伝えることが大切です。

　ちなみに、相手の意向を確かめることがなぜ有効かというと、多くのハラスメントは「相手の意に反する」という要素を含んでいるためです。

職場に合わせて「カスタマイズ」する

　前ページまでに述べたように、ハラスメント研修で伝えることは、2つだけです。組み合わせて、ウエイト付けを変えれば、ハラスメント研修のデザインができます。

　ただし、より良い社員研修を目指すのであれば、会社の状況に合わせてカスタマイズすることが必要です。

　右の**図表1-2**で説明しますと、①「ハラスメントとは何か？」は、法律や指針の概要も含めた、ハラスメントについての全体像です。②「どう対応すればよいか？」は、「具体的な対応法を知りたい、でも負担の大きいことはやりたくない」といった社員のニーズを踏まえた内容にします。

　その上で、横軸に沿ってカスタマイズします。

　③「会社の現状」と④「会社の目指すもの」の間にギャップがあれば、それを埋めていかなければなりません。ギャップを埋めるための取組みの1つが研修です。

　③「会社の現状」と④「会社の目指すもの」がほぼ一致しているのであれば、研修をする必要はありません。非常にうまくいっている会社です。

　しかし、③「会社の現状」と④「会社の目指すもの」のギャップが大きいのであれば、ギャップが埋まるように研修を設計しなければなりません。

　設計する前に、まず③「会社の現状」と④「会社の目指すもの」を明確にしておくことが必要です。

◆図表1-2 職場の状況に合わせて研修内容をカスタマイズ

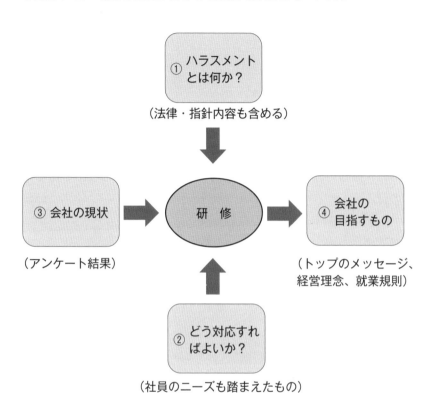

④「会社の目指すもの」としては、例えば、

・風通しの良い職場
・働きやすい職場
・ハラスメントのない職場
・人権を守る職場
・社会に信頼される会社

など、さまざまなものがあるはずです。それらが打ち出されているのは、

・経営理念
・就業規則
・コード・オブ・コンダクト（行動規範）
・トップのメッセージ

です。こうしたものを研修に含めていくことが重要です。経営理念には、会社の目指すものが明確に書かれているでしょうし、就業規則は、会社の方針や考え方が反映されたルールになっているはずです。

　コード・オブ・コンダクト（行動規範）の中に「我が社の社員としてあるべき姿」などが書かれている会社もあります。外国企業の場合は、「敬意を持って他者（上司、同僚、部下、顧客、取引先など）と関わる」といった言葉がよく入っています。

　トップのメッセージの中に、「風通しの良い職場」「働きやすい職場」「人権を守る」などの言葉が入っていることもあります。これらを研修の内容に含めると、会社の方向性がはっきりとします。

「会社の目指しているものを実現するために必要な取組みであるから、ハラスメント防止をします」ということを、きちんと社員に伝えていくことが大切です。

そうでないと、社員は「法律で決まったから、やらざるを得ないのだろう」と受け止めてしまいます。会社の本気度を感じられなければ、社員は積極的に取り組もうとはしません。また、会社の方向性と軌を一にした取組みと思えなければ、必要性が十分に伝わりません。

「法律で決まっているからやる」のではなく、「会社の目指しているもの（例えば、社会に信頼される会社）を達成するために必要だからやる」というメッセージを強く打ち出す必要があります。

③「会社の現状」について知ってもらうことも重要です。

・ハラスメントがどのくらい起こっているのか
・コミュニケーションの状態はどうか
・働きやすいか

といった会社の現状も知ってもらいましょう。

事前にアンケートなどをとっていれば、会社の現状について詳しく伝えることができます。

アンケートをとっていない場合でも、集合研修の場で手を挙げてもらったりして簡易アンケートをとれば、会社の現状について認識してもらえるはずです（詳しくは、186ページ参照）。

③「会社の現状」と④「会社の目指すもの」のギャップがどのくらいあるかを認識してもらうことも研修の重要な目的です。ギャップが大きいことがわかれば、研修を繰り返しやらざるを得ないことを理解してもらえるはずです。

研修の目的は「備えること」

大きな視点で見れば、企業内研修というのは「組織学習」の1つと考えられます。

『学習する組織』の著者ピーター・センゲは、「教える者は予言者のようになって、未来の準備をさせるのだ」という趣旨を述べています。

また、近代経営学の先駆者であるフランスのアンリ・ファヨールは「経営とは予測することである。予測するとは将来を計るとともに、これに備えることを意味する」と述べています。

こうした観点をベースにするならば、企業内研修の目的は、「事業上、起こり得ることに備えてもらうこと」と考えられます。

「うちの社内ではこの種の問題は絶対に起こらない」というのであれば、起こらないことに備える必要はありません。そのテーマについての研修をする必要はないでしょう。

しかし、起こり得るのであれば備えておく必要があります。例えば、地震や台風などの被害は起こり得ることです。滅多に起こらないとしても、起こったときの被害は甚大かもしれませんので、「災害時の対応法の研修をしておこう」と考えて、社員の人たちに備えてもらうことは重要なことです。

2018年に、筆者がある官公庁でハラスメントの幹部職員研修を担当させていただいたときに、研修全体のメニューと資料をもらいました。

そこには、感染症対策の資料が含まれていました。

2020年に新型コロナウイルス感染症が広がりましたが、それを予見するかのように、起こり得ることに備えた研修メニューでした。先見の明に驚かされますが、これが研修のあるべき姿だと思います。

　起こってから研修するのではなく、起こり得ることに備えるために研修をするのです。

　大事なことは、その問題がどのくらい起こりそうか、起こったときの影響がどのくらい深刻かということです。

　ハラスメント研修の場合は、「ハラスメントの問題がうちの会社でどのくらい起こり得るのか」という点が最も重要です。

　ハラスメントが起こらない会社であれば、わざわざ時間と労力を掛けてハラスメント研修をする必要はありません。無駄な研修となります。しかし、ハラスメントの問題が起こり得るのであれば、ハラスメントに備えることは、とても重要です。

　一般論で言えば、ハラスメントのうち、パワハラは、かなり広範に起こっている実態が報告されています。厚生労働省の2016年度のパワハラ実態調査によれば、過去３年間で32.5％の人がパワハラを受けたと感じていると答えています。

　また、悪質なハラスメントのケースがSNSに書き込まれたりすると、マスコミで報道されることもあり、会社のダメージは甚大なものとなります。備えておくことが必要な問題と考えられます。

　ハラスメント研修の場合、備えること以上の効果をもたらします。ハラスメントはコミュニケーションと密接に関連していますから、コミュニケーションが改善されることにつながれば、日常業務にもかなり良い影響を与えます。

　比較的メリットが大きいのが、ハラスメント研修と言えます。

たった2つのことを再確認する

1　ハラスメントとは、何ですか？

＜想定問答＞

（「人権の観点から説明したい」「被害者心理を強調したい」「法律について知ってもらいたい」などのご自分の意向を反映したものにしましょう）

次の２つの質問を再度確認しておきましょう。想定問答も考えながら、他人に説明するための文章を自分の言葉で作ってみてください。この２つをベースにすれば、研修を組み立てられます。

2　どう対応すればよいですか？

<想定問答>

（勉強をしたり、研修を実施したり、相談を受けたりすることで、新たな発見があるかもしれません。時々アップデートしましょう）

第2章
研修の準備をする

〈本章のねらい〉

　研修の際にどんな準備が必要かを見ていきます。研修は、研修時間の長さ（50分、60分、90分）、会場の状態（大規模会場、小規模会場、会議室）、使える設備（マイクのみ、スクリーン）、参加者の属性・ニーズなどによって、構成が変化します。状況に合わせて準備をする必要があります。

研修時間の目安はどのくらい？

　一般的にハラスメント研修の時間は、60分〜90分程度です。ただ、50分、40分の研修も多くなっています。

　オフィスの構造にもよりますが、研修会場までの移動時間として、前後に5分くらいはかかります。会場入り、退出の時間も考慮すると、60分の研修の場合には、実質的には1時間以上仕事を抜けなければならなくなります。研修参加者は、忙しい業務スケジュールの中で、70分、80分といった中途半端な予定を組まなければなりません。

　50分、40分の研修であれば、前後の移動時間も含めて「ジャスト1時間」仕事を抜ければ研修を受けることができます。

　企業内研修の場合は、できるだけ仕事に影響を与えないように設計することが重要です。

　ハラスメント研修、特にパワハラ研修の主な参加者は、幹部層・管理職層など、きわめて忙しい人たちです。「忙しいのに、なんでこんな研修を受けなければいけないのか」というのが本音でしょう。心理的な抵抗感を持っている人もいるはずです。

　90分（移動時間を含めると100分以上）も研修に縛り付けてしまうと、業務に大きな支障を与えかねません。業務に支障が出ると、「なんで、こんな研修を受けなければならないのか」という気持ちが強まってしまいます。抵抗感によって心理的にブロックされてしまって、情報が頭の中に入っていかなくなります。

　できるだけ短い時間にして「50分だけ、研修のために時間を空け

てください」と言ったほうが、抵抗感が減るはずです。

　筆者の経験では、経営者、幹部研修の場合は、だいたい40分です。40分くらい席を離れるだけなら、よほど緊急的な案件以外は、部下が暫定的に対応して、研修後に本格的に対応してもそれほど問題は起こらないはずです。

　研修参加者の多くは、研修中も仕事のことが気になって仕方がないようです。研修に集中していない状態ですから、どんなに重要なことを伝えても、相手には伝わりません。

　研修に集中してもらうためにも、「40分だけ」「50分だけ」と短い時間に制限するのは、かなり有効です。

　「ハラスメント防止は重要なことだから、管理職には120分たっぷりと研修する」という考え方もあろうかと思いますが、**第1章**で述べたように、研修には「リテンション（記憶保持）」が必要です。長い研修の場合は、内容が頭に入りきらず、オーバーフローしてしまう可能性があります。

　研修効果を考えるなら、3回に分けて、40分×3回のほうがおそらく効果はあるでしょう。

　毎年1回、ハラスメント研修をしているある会社は、研修時間は短めです。時間は短くても毎年やるところに意味があります。

　120分の研修を今年1回やって、もう二度と研修はしない、というのでは、おそらく効果は乏しいでしょう。時間を短めにして、繰り返しやることがリテンションを高め、研修効果を生み出します。

　短い時間で研修するには、絞り込みが重要です。「これも伝えたい。あれも伝えたい」と思ったとしても、伝えることはできません。優先度の高い最小限の要素だけを残して、あとは思い切って全部捨てるくらいの覚悟が必要になります。

研修会場のレイアウトは？

　研修をする際の机・イスのレイアウト法には、いくつかあります。企業内でのハラスメント研修の場合は、会議室型、島型、教室型などがあります。

　会議室に入りきれる人数であれば、会議室でやるのがよいでしょう。特別に会場のセッティングをしなくても、会議室の机とイスをそのまま使うことができます。

　経営者・幹部の場合は、役員会議室（ボードルーム）などで、経営課題として情報共有・ディスカッションをしたほうが、重要性の認識が深まるかもしれません。

　人数が数十人になる場合は、研修用の会場を用意します。準備にあまり労力を掛けたくないですから、通常の教室型のセッティングで十分です。教室型は、全員が前を向いて、研修担当者のほうを見るレイアウトです。研修担当者の話をよく聞くことができ、スライドを映すスクリーンも見やすい形です。

　ディスカッションにはやや不向きですが、隣の人とディスカッションすることは可能ですし、前列の人に後ろを向いてもらうと、前列と後列の人でディスカッションすることも可能です。

　管理職向けのハラスメント研修、一般社員向けのハラスメント研修では、長時間にわたってディスカッションをするわけではないですから、教室型のレイアウトで特に不都合はないでしょう。

　ディスカッションを中心にする場合は、机をくっつけて島型にする方法もあります。フェース・トゥ・フェースで向かい合いますので、ディスカッションには最適ですが、研修担当者の話を聞くとき

や、スライドを見るときは、体を傾けたりしなければなりません。ディスカッションが少ない場合には不向きのレイアウトです。

　ディスカッションをしたほうが、理解が深まるようなイメージがあるかもしれませんが、それは、参加者のモチベーションが高い場合に限られます。参加者のモチベーションが低いと、「やらされている感」が強くなり、むしろ逆効果です。会場に入ってきて、机のレイアウトを見た瞬間に、「今日は何をやらされるんだろう？」と不安を感じる人もいます。

　「やらされている感」や不安感は、研修内容を受け入れることを心理的にブロックして、研修効果を下げてしまいかねません。

　一般的に言えば、外部のハラスメント研修を受けに行く人たちはモチベーションが高いですが、社内で集められてハラスメント研修を受ける（受けさせられる）人たちは、あまりモチベーションは高くありません。「なんで、この忙しいときに、こんな研修を受けなきゃいけないのか」と思っている人のほうが多いでしょうから、抵抗感を和らげるためにも、オーソドックスなレイアウトのほうがよいでしょう。

◆図表2-1　研修会場レイアウト

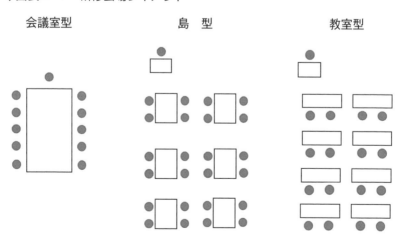

会議室型　　　　　　　島　型　　　　　　　教室型

10分ごとのモジュールをつくる

　研修を組み立てるときに、10分くらいのモジュール（基本単位、部品）にしておくと、設計がしやすくなります。研修時間40分でも、研修時間90分でも設計ができます。

　では、10分間でどのくらいの量を伝えられるのでしょうか。

　人間が1分間に話す文字量は300字くらいとされます。プロのアナウンサーの場合は、350字〜400字くらいは話せるそうですが、聞く側のことも考えて300字くらいを伝えるようです。

　ハラスメント研修の各モジュールを10分として設計するのであれば、情報量は1分300字×10分＝3,000字くらいを目安にしておくとよいでしょう。

　本書のレイアウトは、30字×28行＝840字。4ページ分で、3,360字です。本書で言えば、4ページ分くらいが、10分で伝えられる情報量です。

　A4サイズの紙には、40字×40行＝1,600字くらい入ります。ですから、2ページくらいで3,000字です。

　A4サイズの紙に原稿を書くのであれば、「2ページ＝10分」と想定しておくとよいでしょう。

　筆者の経験で言うと、緊張すると、話し方が早口になってしまいます。筆者だけの特徴かと思って、他の研修をされている方に聞いてみましたが、やはり緊張すると早口になると聞きました。少し多めに原稿を用意しておいたほうがよいかもしれません。

　10分単位で設計すると、実際の研修のときに進行管理がしやすく

なります。

　研修中に、講師は時計を見ながら、頭の中で常に時間管理を考えています。

　「早く進みすぎていないか」「遅れていないか」など……。時間の計算を見誤ると、頭の中が混乱してきて研修はうまくいかなくなります。

　例えば、1時間の研修を「5分＋15分＋5分＋10分＋20分＋5分」で設計した場合、チェックポイントを決めて、進行管理をすることになります。

　10：30〜11：30までの研修であれば、チェックポイントは「10：35、10：50、10：55、11：05、11：25、11：30」です。

　ただ、現実の研修場面では、時間変更はよくあることです。直前になって「前の研修が少し時間オーバーしているので、申し訳ないけど、10：35〜11：35でやってください」と言われたとしたら、どうでしょうか。

　すぐにチェックポイントを「10：40、10：55、11：00、11：10、11：30、11：35」と計算し直せるでしょうか。

　研修直前にはいろいろなことを考えていますから、急な変更は、けっこう頭の中が混乱してきます。時間管理のことばかり気になって、研修に集中できなくなります。

　10分単位×6で設計しておけば、急に10：35〜11：35に変更されても、「10：45、10：55、11：05、11：15、11：25、11：35」と簡単に計算できます。時間変更に柔軟に対応するためにも、10分単位をベースにするのがよいでしょう。

　オープニングやクロージングは5分くらいになりますので、調整するための5分、15分のモジュールがあると便利ですが、大部分は10分単位にしておくとやりやすいはずです。

練習は声に出すのは数回、 あとは頭の中でやる

　研修をする際には、ある程度の事前の練習は欠かせません。特に、初めて研修を担当する場合には、かなりの練習が必要になります。

　「うまくできるかな？」と不安なときは、練習を繰り返すと、不安な気持ちが少しずつ減っていきます。

　筆者も不安な研修があり、不安を解消するために練習を繰り返したことがあります。そのときの経験から言うと、練習のやり方を間違えると、プラスの面ばかりではないことがわかりました。

　筆者の場合、声に出して何十回も練習を重ねました。すると、研修当日直前になって、声がかすれてきて、声を出しにくくなってしまいました。政治家が選挙のときに、演説を繰り返したために声がかすれてくることがありますが、それと同じような現象です。

　声を出す練習を繰り返すことには、マイナス面があることを知りました。

　一度も声を出したことがない状態は不安ですから、声を出す練習はしなければなりませんが、本番と同じように大きな声を出す必要はありません。

　本番と同じように声を出すのは数回程度にして、あとは小声で練習したほうがよいと思います。

　もう１つ役に立つのは、頭の中で練習する「メンタル・プラクティス」です。頭の中で最初から最後まで研修をやってみるのです。

　頭の中で声を出すだけですから、何十回やっても喉はつぶれません。不思議なことに、実際に声を出して練習するのと効果はあまり

変わらない気がします。

　メンタル・プラクティスは、スポーツ分野でも使われています。頭の中で体を動かすイメージトレーニングです。外科医が、空間で両手を動かしながら、実際の手術場面をイメージして練習することも、メンタル・プラクティスとされます。
　アメリカの「メンタル・プラクティス」に関する研究論文（複数の研究論文を総合的に研究したもの）によれば、35本のメンタル・プラクティスに関する論文を分析した結果、練習効果があることが確認されました。
　この研究によれば、体を動かすことをイメージするタイプのメンタル・プラクティスでさえ、ある程度の効果があることがわかりました。頭の中でイメージしたとおりに体が動くようになるケースもあるようです。
　同研究によれば、認知タスク（頭を使うタスク。研修などを含む）の場合は、メンタル・プラクティスはかなりの効果があることが示されています。頭の中で研修を練習するのと、実際に研修を練習するのでは、効果はそれほど変わらないようです。
　頭の中で研修を実施するわけですから、電車に乗っていても練習できます。不安な人は、頭の中で声を出すタイプの練習を繰り返すとよいのではないでしょうか。
　何度も何度も頭の中で練習していると、本番で実際に声に出して言うときに、案外、スラスラと言うことができるものです。

レジュメ・配付資料はどんなものにする？

　どのような配付資料にするかは、研修の目的によります。詳細なことを伝えたい場合は、たくさんの資料が必要になるかもしれません。コンパクトに伝えたい場合は、少ない資料がよいでしょう。

　筆者の場合は、人事担当者や社会保険労務士などのプロ向けの研修のときには、資料を多めにしています。一方で、管理職や社員向けの大規模集合研修のときには、あまり資料を多くしていません。1ページ多いだけでも、何百人分となると、大変な紙の枚数になります。頭の中に情報を残してもらうためにも、なるべく情報量を少なくしようと考えて、少なめの資料にしています。

　研修を担当する人から、「簡単に使えるレジュメはないですか？」と聞かれることがあります。

　厚生労働省の『あかるい職場応援団』のサイトに、研修用の配付資料（パワポ資料）が用意されていますから、それを参考にするのもよいでしょう。

　とはいえ、他の人が作ったレジュメや配付資料で説明するのは、実際に研修をやってみると、かなり難しいだろうと思います。読むだけで終わってしまい、質問をされても、ほとんど答えられないかもしれません。

　結局は、自分でレジュメを作ったほうが効率的ですし、自分で作ったレジュメを自分の言葉で語ったほうが、聞いている人に伝わりやすいだろうと思います。

苦労してレジュメを作るプロセスのところに、最大の学びがあるはずです。そこを飛ばしてしまうと、自分の学びの部分が少なくなり、得るものも少なくなってしまいます。

　レジュメに入れる内容は、基本的には、

① 　ハラスメントとは何か？
② 　どう対応すればよいか？

　の２つだけです。

　この２つをレジュメに反映させれば、レジュメが完成します。

　「すごいレジュメ」を作らなければいけないわけではなく、シンプルなレジュメで十分です。むしろ、そのほうが喜ばれたりします。

　例えばA4サイズの紙の上段に「パワハラとはこういうものです」、下段に「このように対応しましょう」と書けば、レジュメはできます。１枚で書き切れなければ、２枚、３枚を使うことになります。

　世の中のトップリーダーの中には、資料はA4で１枚までしか受け付けない人もいます。A4サイズ１枚のレジュメ作りに挑戦してみるのも、結構面白いと思います。

　レジュメは短くすることのほうが難しく、ページを増やすことはわりと簡単です。短くするためには、次々と内容を切り捨てていかなければならず、優先順位付けが必要になります。「こんなに大事なことだけど、もっと大事なことがあるから」と判断して、泣く泣く落としていきます。

　そのプロセスで、真剣に優先順位を検討しますので、総合的な判断力が高まっていきます。

どんなスライドがよいか？

　研修のときには、スライドもよく使われます。どんなスライドを作ればよいのでしょうか。

　筆者は、ハラスメントについては勉強しているつもりですが、スライドの見せ方については、素人の域を出ていません。印象的な見せ方や効果的な見せ方のノウハウが出ている、プレゼンテーション関係の本を参考にされるとよいと思います。

　すぐれたプレゼンテーションとしては、アップルのスティーブ・ジョブズ氏のものがよく取り上げられます。ジョブズ氏存命中には、筆者も、アップルの新製品が発表されるたびにジョブズ氏のプレゼンを食い入るように見ていました。

　ジョブズ氏のプレゼンでは、スライドの文字数はきわめて少なく、最小化されています。彼は、京都の庭園が大好きな仏教徒で、禅の精神を取り入れており、ぎりぎりまで削ぎ落とすミニマリストだったと言われています。

　ですから、スライドの文字も最小化されていました。

　筆者の印象では、「サプライズ」と「楽しさ」を重視しているように思えました。スライドで、他社製品と比較して「ほら、こんなに違うでしょ」、アップルの前製品と比較して、「ねっ、こんなに進化しているでしょ」という感じで、それを見るたびにオーディエンスが歓声を上げて驚く。いかに驚かせるかということを重視したスライドのようでした。

　また、そこに楽しさの要素を加えて、笑い声を響かせるようなものも入れていました。

新商品のプレゼンとハラスメント研修では性質はまったく違いますが、見ている人、聞いている人に影響を与えて、行動に結び付けてもらわなければいけない点は同じです。

見ていてわかりやすいのは、「比較」です。ジョブズ氏のプレゼンにも比較がたくさんありました。

ハラスメント研修のスライドにおいても、

・「パワハラになる例」「ならない例」
・「悪い事例」「良い事例」
・「悪いコミュニケーション」「良いコミュニケーション」
・「悪いマネジメント」「良いマネジメント」
・「パワハラ」「セクハラ」「マタハラ」
・「ハラスメントを防止したとき」「防止しなかったとき」

などの比較を示すとわかりやすくなります。それを、できるだけ少ない文字、少ない画像で表現できれば、より伝わりやすいスライドになるのではないでしょうか。

ただし、いつもスライドが使えるとは限りません。会場によってはスライドを使えないこともあります。

以前に、スライドを使って研修しようとしていたら、直前になって、「機械がうまく動かなくなったのでスライドなしでお願いします」と言われ、スライドを使わずに話したことがあります。事なきを得ましたが、案外、機械の不具合というのはよくあるようです。

それ以降は、何が起こるかわかりませんので、基本的にスライドを使わずにできるように変更しました。スライドなしのパターンも用意しておいたほうがよいでしょう。

質問にどう備えておくか？

　多くの場合、研修後には質問時間がとられます。どんな質問をされるか、不安に思う人もいるでしょう。

　非常に難しい質問もありますし、批判的な意見が込められた質問もあります。どう備えておくべきでしょうか。

　質問は、想定問答を越えるようなものばかりですから、備えておくことはかなり難しいと思います。講師が「よい質問ですね」と言うことがありますが、これは「想定内の質問でよかった」という意味です（笑）。受講者は基本的に自分とは違う視点を持っている人ですし、自分より深く考えている人もたくさんいますから、答えられない質問は出てきます。筆者の場合は、半分くらいの質問は答えられないと見込んでいます。

　質問されて答えられないのは申し訳ないのですが、答えられない質問のほうが、勉強になります。うまく答えることができないと、自分の理解不足に気づき、ショックを受けます。そのショックから逃れるために、研修後にその件について必死になって調べます。このプロセスが一番勉強になっている気がします。

　受講者には申し訳ない考え方ですが、「質問時間は、こちらの勉強の時間だ」と考えておくとよいのではないでしょうか。難しい質問をされればされるほど勉強になりますし、細部について質問されると、そこまで考えていなかった自分に気が付きます。

　ある研修で「相談の申出があってから、何日以内に相談しなければいけないですか？」と質問されたときには、具体的な数字を考えていないことに気がつきました。

「できるだけ速やかに」では、曖昧すぎます。具体的な日数を提示しないと、担当者たちは混乱するかもしれません。

経験値からは、3日以内くらいではないかと思いましたが、何の根拠もありません。研修後にいろいろ調べたのですが、日数はよくわかりませんでした。

海外の資料を調べて、ようやく信頼できるソースから「5営業日以内」というものを見つけました。確かに、納得できるラインです。3日以内では、双方の都合が付かないこともあります。5営業日以内であれば都合は付きやすいですし、双方が約束をして1週間以内（5営業日と土日）に会うのであれば、それほど待たされている気はしないはずです。その間にもメールなどで連絡を取り合えば、1週間はそれほど長く感じないかもしれません。

質問されたことで、非常に勉強になりました。

次に同じ質問をされたときには答えることができますし、「こんな質問をされたことがありますが、みなさんは何日以内がよいと思いますか」と、話のネタに使うこともできます。

難しい質問をされるほど勉強になりますから、どんどん難しい質問をしてもらったほうがよいのではないでしょうか。「すみません。それについては勉強不足で、よくわかりません」と正直に答えて謝ってもよいと思いますし、「調べて、後日お答えさせていただいてもよろしいでしょうか」という対応もあります。

筆者自身、何度も質問を受けているのに、未だにうまく答えられない質問があります。それは、「社長がパワハラをしているんですけど、どうしたらよいですか？」というものです。人事担当者向け研修でも聞かれますし、社労士向け研修でも聞かれます。

しかし、良い答えの案が浮かんできません。今でも考え続けているところです。何か良い案があれば、ぜひ教えていただければと思います。

受講者のニーズを探ることも
重要な準備

　研修準備というと、自分の側の準備のことばかり考えてしまいがちですが、受講者のことを調べることも重要な研修準備です。

　有名なピーター・ドラッカーは、著書『マネジメント』の中で「誰にも聞いてもらえないならコミュニケーションは成り立たず、発信者が口にした言葉も、ただの雑音に過ぎない」と述べています。さらに「自分たちの伝えたい中身ばかり重視していると、成果は上がらない」としています。

　研修の準備の際には、「受講者が何を知りたがっているのか」「受講者のニーズは何か」をよく考えておくことが必要です。受講者が「知りたいと思っていること」を伝えることが、情報の吸収力を高めます。

　では、受講者は何を知りたがっているのでしょうか。

　社員にアンケートを採って聞いてみるのが最もよいのですが、ここでは厚生労働省のパワハラ実態調査のデータを参考に見ていきます。次ページの**図表2-2**は、「あなたがパワハラについて知りたいと感じるものはありますか？」という調査です。

　管理職の場合は、「パワハラにならない指導、部下等への接し方」「パワハラになる行為とならない行為の違い」を知りたがっていることがわかります。

　また、一般社員（正社員）は、「パワハラを受けたときの対応の仕方」を知りたがっています。

◆図表2-2　社員が知りたいこと

> Q　あなたがパワハラについて知りたいと感じるものはありますか？
>
> ＜管理職＞
> 1．パワハラにならない指導、部下等への接し方　39.3%
> 2．特にない　36.4%
> 3．パワハラになる行為とならない行為の違い　34.1%
> 4．パワハラを受けたときの対応の仕方　23.5%
>
> ＜正社員＞
> 1．特にない　40.0%
> 2．パワハラを受けたときの対応の仕方　33.0%
> 3．パワハラになる行為とならない行為の違い　32.6%
> 4．パワハラにならない指導、部下等への接し方　26.5%
>
> （出典：厚生労働省　2016年度パワハラ実態調査）

　こうした要素を研修の中に入れていくと、受講者のニーズを満たすことができるはずです。

　具体的に言えば、「パワハラにならないマネジメント法、コミュニケーション法、叱り方」などを多く含めると、管理職のニーズに応えることができます。

　また、パワハラになる行為とならない行為については、パワハラ防止指針の中に、「該当すると考えられる例、該当しないと考えられる例」が出ています。その内容を説明するとよいでしょう。

このデータには、大きな課題も隠れています。それは、「パワハラについて知りたいと感じるものがありますか？」と尋ねているのに対して、「特にない」と答えている人が非常に多いことです。

　調査者全体では、「特にない」がトップで40.7％、属性別に見ても、男性、女性、20代、30代、40代、50代のすべての層で「特にない」がトップに来ています。50代の場合は、「特にない」が半数近くの46.2％を占めています。

　筆者も含めて研修に携わっている人は「これだけパワハラが世間でニュースになっているのだから、誰もがパワハラに関心を持っているだろう」と思い込みがちですが、世の中にはパワハラに関心のない人がたくさんいるということです。約4割の人が関心を持っていないのが実情です。

　自主的に研修を受講している人たちは別ですが、集められて研修を受講している人の場合、4割くらいはパワハラに関心のない人が含まれていると想定しておくべきです。

　特に、50代にいかに関心を持ってもらうかは大きなポイントです。50代は、会社の幹部層です。幹部層にパワハラ問題に関心を持ってもらわないとパワハラ対策は進んでいきません。

　人事部門と若手管理職の人が熱心にパワハラ防止に取り組んだとしても、その上にいる幹部が関心を持っていなければ、実効性は高まりません。

　どうしたら関心を持っていただけるのか、良い答えが見つかっているわけではありませんが、筆者の場合は、経営者・幹部層には、「情報と判断」といった経営に直結するテーマとパワハラの関係について伝えています。法律や指針を説明しているときよりも、経営との関係を説明しているときのほうが関心を持って聞いていただけているような気がしています。

なお、社員が望んでいる取り組みを知るには、**図表2-3**のデータが参考になります。

◆図表2-3　従業員が望んでいる取組み

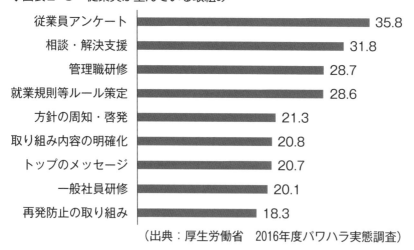

従業員アンケート	35.8
相談・解決支援	31.8
管理職研修	28.7
就業規則等ルール策定	28.6
方針の周知・啓発	21.3
取り組み内容の明確化	20.8
トップのメッセージ	20.7
一般社員研修	20.1
再発防止の取り組み	18.3

（出典：厚生労働省　2016年度パワハラ実態調査）

　このデータを見ると、社員はアンケートを一番望んでいることがわかります。「現場の声を聞いてほしい」「実態を知ってほしい」というニーズが強いのだと考えられます。

　研修の場においても、押し付けるような研修ではなく、社員の声を聞く形の研修ができれば、効果はあるはずです。時間がとれるのであれば、フリー・ディスカッションをしてもらったり、あるいは簡易調査、簡易アンケートをメニューに組み込んだりするのもよいかもしれません（簡易調査の仕方は186ページ参照）。

「ブリーフィング」という方法でもよい

　企業内でハラスメント情報を伝えるときは、あまり「研修」という言葉にとらわれないほうがよいかもしれません。「研修」という言葉だけで、「面倒くさい」「受けたくない」というネガティブ・イメージを持たれてしまう可能性もあります。

　社員のみなさんに研修会場に集まってもらうのは、社員の負担が大きいですから、逆に、人事・総務担当者が各職場に出向いて、短いブリーフィング（簡単な説明）をする方法もあります。

　ブリーフィングの原稿を書いてみると、研修で伝える内容を整理できて、研修の準備にもつながります。

　3分くらいのブリーフィングでも、必要なことは伝えられます。筆者なら、次のようなことを伝えます（約2分30秒〜3分）。

　パワハラ防止が法制化されました。当社も、就業規則にパワハラ防止の規定を追加しました。パワハラ、セクハラ、マタハラなどのハラスメントをすると、就業規則に基づいて厳しい処分をされることもありますから、そうならないように気を付けてください。

　会社としては、働きやすい職場をつくっていく方針です。社長は、ハラスメント防止は、働きやすい職場づくりのために重要だとおっしゃっています。会社の信頼を高め、事業活動を発展させるためにも重要だというお考えです。

　相談窓口も設置しました。ハラスメントかどうかわからない場合でもご相談ください。深刻化してしまうと、ご自分が苦しくなってしまいます。ハラスメント防止は会社にとっても、大事なことです。「ご自分

のため、そして会社のため」だと思って、深刻化する前に少し勇気を出してご相談ください。プライバシーは守りますし、相談したことで不利益なことが起こらないように会社として取り組んでいきます。

また、管理職の方も、「こんなことを言うとハラスメントになるのか？」など、ハラスメントについてわからないことがあったら、気軽にご相談ください。

大事なことはやはり未然防止です。

「何か特別なことをやらなければいけないのか？」と思われるかもしれませんが、良好なコミュニケーションを増やしてもらうだけで、ハラスメント防止につながります。

ハラスメントの多くは、価値観を押し付けたり、考えを押し付けたりするコミュニケーションがとられています。いわば一方通行のコミュニケーションです。これを双方向の形にしていくことが、ハラスメントのリスクを減らします。

上司が部下に「どうしても、やれ」と言わざるを得ない場面は出てきますが、その場合でも、いきなり押し付けるのではなく、前段階として部下の話を聴いたりすることは必要です。また、やってもらった後には、ねぎらいの言葉をかけたり、話を聴いたりするなど、フォローするコミュニケーションも大切です。

双方向のコミュニケーションを意識していただくと、「押し付けられた」と思われにくくなり、ハラスメントのリスクは減っていきます。コミュニケーションが良くなれば、職場内の意思疎通が良くなって、業務にも良い影響があるはずです。

コミュニケーションの良い職場は、おそらく誰にとっても働きやすい職場です。働きやすい職場になるように、会社がバックアップしますので、働きやすい職場づくりのためにみなさんも取り組んでいただければと思います。

ウェブ研修という方法もある

　集合研修やブリーフィング以外の研修方法もあります。ウェブを使った研修を取り入れるのも１つの方法です。

　ハラスメント防止の情報を集めた、厚生労働省の『あかるい職場応援団』のサイトには、「パワーハラスメントオンライン研修講座」というものがあります。これを利用してみるのもよいでしょう。

　全体で45分〜50分くらいです。ビデオ映像を見る部分が36分ほどで、チェックテスト25問を加えると、45分〜50分を見込んでおけば受講できます。

　チェックテスト25問を全問正解すると（やり直しOK）、受講証明書がダウンロードできるようになっています。

　スマホでも受講できますが、ビデオ映像を見ながらスライド資料を見るためには、パソコンを使ったほうが受講には適しています。

　ただ、残念ながらパワハラ防止が法制化される以前に作られたものであり、定義の部分が法令に沿っていません。社員に混乱を与えてしまう恐れがありますので、そのまま利用するには少し注意が必要です。

　また、かなり前の平成24年度のパワハラ実態調査のデータを元にしていますので、「古い」という印象を持つ人もいるはずです。現時点では利用せずに、改訂されるのを待ってから、利用してもよいでしょう。

　オンライン研修をするのであれば、参考になる外国のサイトがあります。日本の法令に沿ったものではありませんし、英語版しかあ

りませんが、非常にすぐれた研修ツールです。

　それは、イギリスの ACAS（Advisory, Conciliation and Arbitration Service：イギリスの公的機関で、「助言仲裁斡旋機関」などと訳される。アドレスは、www.acas.org.uk）の研修ツールです。

　サイトに「オンライン・トレーニング」のコーナーがあり、人事労務担当者、経営者・管理監督者が学べる無料の研修メニューが用意されています。登録すれば、誰でも利用できます。

　ハラスメントに関しては、「Bullying & Harassment（いじめとハラスメント）」という研修メニューがあります。ちなみに、日本で言うパワハラは、イギリスではパワーが濫用されたブリング（いじめ）とみなされています。いじめとハラスメントを含んでいますので、このメニューでパワハラを含めたハラスメント全体について学べます。

　何がすぐれているかというと、ハラスメントと関連するその他のメニューも用意されていることです。

　「苦情処理・懲戒処分の仕方」「パフォーマンス・マネジメント」「コンフリクト・マネジメント（対立解決）」「アブセンス・マネジメント（欠勤・休業対応)」「メンタルヘルス対応」「妊娠出産・育児休業への対応」「障害者差別防止と合理的配慮」などです。

　ハラスメントを防ぐには、ハラスメントのみにフォーカスしていては本当の解決にはつながりません。

　パワハラの事例として、部下のパフォーマンスが悪く、それについて叱る場面で、行き過ぎた叱責をしてしまうケースがあります。

　このようなケースでは、部下のパフォーマンスを改善させるための「パフォーマンス・マネジメント」の手法が問題解決のカギを握ります。

　「ハラスメントをしてはいけない」と言われても、部下のパフォー

マンスが高まらない限り、管理職のイライラや怒りは解消されず、火種は燻り続けます。

どうやって部下のパフォーマンスを改善させるかという「パフォーマンス・マネジメント」について学んでもらうほうが、「ハラスメントをしてはいけない」と注意を促すよりも有効な解決策になると考えられます。

また、部下の素行に問題があるのであれば、手順さえ積めば、その部下に懲戒処分を与えることができないわけではありません。その手順について学んでもらえば、管理職は「いざとなったら、懲戒手続きをしよう」という安心感のようなものを持つことができます。素行に問題がある部下を怒鳴り付け、侮辱や非難を繰り返すという行為を抑制することにつながる可能性もあります。

職場においては、必ず人間同士のコンフリクト（対立・衝突）は発生します。健全な対立は必要ですが、不毛な衝突にならないように早い段階で解決しておくことが、ハラスメントを未然に防ぎます。そのための「コンフリクト・マネジメント」の手法も有効に働きます。

こうして、ハラスメントのみでなく、周辺のことも包括的に学んでもらうことによって、ハラスメントを防ぎ、職場をさらに良くしていくことが実現できます。

人事担当者だけでなく、経営者・管理職が、ウェブ上であらゆる人事関係のスキルを学べるようにしているオンライン研修ツールとなっています。

マタハラ防止においても、ACASの研修ツールは参考になります。日本のマタハラ防止指針の中では、マタハラを生む背景として、制度についての周知が不十分という点も指摘されています。つまり、制度についてきちんと学んでもらうことが、マタハラを防ぐう

えでは重要だということです。

　ACASの研修ツールの中には、出産や育児に関する休業制度について、

「どんな人がどの制度を使うことができるのか」

「何日間、何週間使えるのか」

「その間の給料はどうなっているのか」

「利用するときの手続きをどうすればよいのか」

　などを学べるモジュールがあります。

　事業主側の権利と責任、労働者側の権利と責任がバランス良く解説されており、双方が協力し合って、育児休業を使いやすくしましょう、という構成になっています。ちなみに、労働者側の責任というのは、「妊娠したことや自分の体調などを、上司や会社にできるだけ早めに伝える」ということです。

　管理職や各社員が、制度のことをよく理解していないことがマタハラの原因の１つとされますから、オンラインツールで制度についてきちんと学べるようにしている点は、とても参考になります。

　知識を身に付けるだけの研修であれば、ウェブで十分に可能です。自社の出産・育児・介護についての制度を学べる社内サイトを作っておくのもよいかもしれません。確認テストやクイズなどを付けておけば、より理解が深まるはずです。

　ACASの研修ツールを実際に試していただくと、その作りの良さがわかるはずです。「モデル・オンライン研修」のようなものですから、ざっとメニューを見ていただくだけでも、参考になるのではないでしょうか。

どんな情報源から情報を集めればよいか？

　研修準備には情報集めも不可欠です。さまざまな情報源がありますので、必要に応じて、情報を収集しておきましょう。

■厚生労働省『あかるい職場応援団』サイト
（https://www.no-harassment.mhlw.go.jp/）

　ハラスメント対策の資料がまとまっています。このサイトを活用しましょう。

　サイトには、対策導入マニュアル、研修用資料（管理職用、一般従業員用パワーポイントファイル）、研修用ビデオ、イラスト、ポスター、裁判例、企業事例などが入っています。

　数分程度の研修用ビデオクリップが多数用意されていますので、これらも使いましょう。研修のためのパワーポイント資料も用意されています。オンライン研修のコーナーもあります。

　法律と指針と解説が記載されたパンフレットもあり、ダウンロードできますので、内容を一通り確認しておくとよいでしょう。

■厚生労働省「職場のパワーハラスメントに関する実態調査」

　実態調査報告書には、パワハラ関係のさまざまな調査データが掲載されています。本書でグラフ化している図表の大半は、この調査報告書のデータをもとにしています。

■厚生労働省　個別労働紛争解決制度サイト

　施行状況の欄には、毎年度の助言・指導、あっせんの事例が出て

います。近年はいじめ・嫌がらせの相談が多いため、ハラスメント関係の事例がいくつも出ています。

■厚生労働省　労働保険審査会サイト
　労災の主な裁決事例などが掲載されています。この中にも、ハラスメント関係の事例があります。

■人事院　規則、指針、年次報告書
　人事院の情報は、とても有用です。ハラスメント関係の人事院規則、指針は、重要なことがコンパクトにまとまっています。年次報告書（通称：公務員白書）にもハラスメント関係の情報が多く掲載されています。「公務職場におけるパワーハラスメント防止対策検討会」の議事録も参考になります。

■法制化過程・指針策定過程　議事録
　法制化に至るまでの議事録、指針策定過程の議事録を確認すると、論点などがわかります。ただし、情報量は膨大です。

・「職場のいじめ・嫌がらせ問題に関する円卓会議」議事録
・「職場のパワーハラスメント防止対策についての検討会」議事録
・「労働政策審議会　雇用環境・均等分科会」議事録
・国会議事録（第198回国会）

第3章

法律と指針を
確認しておく

〈本章のねらい〉

　ハラスメント防止は、法律で事業主に措置義務が課されています。法律と指針を確認しておきましょう。パワハラ、セクハラ、マタハラ、ケアハラの4つがあり、複雑ですが、4つを比較しながら、「共通点」と「相違点」を確認すると理解しやすくなります。法律上の「研修の実施」の位置付けについても確認しておきましょう。

4つのハラスメントの法律を
確認しておく

　ハラスメントと名前が付くものは、何十種類もあると言われていますが、法律で規制されているのは、次の4つです。

① 　パワーハラスメント（パワハラ）
② 　セクシュアルハラスメント（セクハラ）
③ 　マタニティハラスメント（マタハラ）
　　父親の場合は、パタニティハラスメント（パタハラ）
④ 　育児や介護に関するハラスメント

　マタハラとパタハラを分けると複雑化してしまいますから、両者を総称して、「マタハラ」と呼ぶことにします。
　また、育児や介護に関するハラスメントは、子供のケア、高齢者のケアに関連するハラスメントですから、本書では、他の略語と4文字で揃えるために「ケアハラ」と呼ぶことにします。

　各ハラスメントの共通点と相違点を押さえておけば、それぞれのハラスメントの特徴が明確になり、理解も深まります。
　法律の規定は、**図表3-1**のような構成になっています。4つともほぼ同じ構成・文言です。セクハラに関しては、追加項目がありますが、それ以外はすべて共通です。
　実際の条文については224ページの資料編をご覧いただくこととし、ここでは、構成だけを見ていきます。
　4つのハラスメントは、ほぼ共通の条文になっています。

◆図表3-1　各ハラスメント防止法の概要

パワハラ	セクハラ	マタハラ	ケアハラ
労働施策総合推進法	男女雇用機会均等法	男女雇用機会均等法	育児介護休業法
（雇用管理上の措置等） 第30条の2　措置義務規定 2　不利益取扱禁止 　（以下略）	（雇用管理上の措置等） 第11条　措置義務規定 2　不利益取扱禁止 3　事業主は、他の事業主から当該事業主の講ずる第1項の措置の実施に関し必要な協力を求められた場合には、これに応ずるように努めなければならない。 （以下略）	（雇用管理上の措置等） 第11条の3　措置義務規定 2　不利益取扱禁止 　（以下略）	（雇用管理上の措置等） 第25条　措置義務規定 2　不利益取扱禁止
（国、事業主及び労働者の責務） 第30条の3　国の責務 2　事業主の責務 3　事業主（役員）の責務 4　労働者の責務	（国、事業主及び労働者の責務） 第11条の2　国の責務 2　事業主の責務 3　事業主（役員）の責務 4　労働者の責務	（国、事業主及び労働者の責務） 第11条の4　国の責務 2　事業主の責務 3　事業主（役員）の責務 4　労働者の責務	（国、事業主及び労働者の責務） 第25条の2　国の責務 2　事業主の責務 3　事業主（役員）の責務 4　労働者の責務

「雇用管理上の措置等」と、「国、事業主及び労働者の責務」は、すべて共通の条文でできています。

（雇用管理上の措置等）

第○条　事業主は、職場において行われる**＜各ハラスメントの定義入る＞**により、労働者の就業環境が害されることのないよう、当該労働者からの相談に応じ、適切に対応するために必要な体制の整備その他の雇用管理上必要な措置を講じなければならない。

2　事業主は、労働者が前項の相談を行つたこと又は事業主による当該相談への対応に協力した際に事実を述べたことを理由として、当該労働者に対して解雇その他不利益な取扱いをしてはならない。

（国、事業主及び労働者の責務）

第○条　＜国の責務　略＞

2　事業主は、＜ハラスメント＞に対するその雇用する労働者の関心と理解を深めるとともに、当該労働者が他の労働者に対する言動に必要な注意を払うよう、研修の実施その他の必要な配慮をするほか、国の講ずる前項の措置に協力するように努めなければならない。

3　事業主（その者が法人である場合にあつては、その役員）は、自らも、＜ハラスメント＞に対する関心と理解を深め、労働者に対する言動に必要な注意を払うように努めなければならない。

4　労働者は、＜ハラスメント＞に対する関心と理解を深め、他の労働者に対する言動に必要な注意を払うとともに、事業主の講ずる前条第1項の措置に協力するように努めなければならない。

法律を整理すると、

＜事業主＞
■予防から相談対応・再発防止まで（措置義務）
■相談による不利益取扱禁止
■研修の実施（努力義務）

＜役員、労働者の責務＞
■関心と理解を深める（努力義務）
■言動に必要な注意を払う（努力義務）
■労働者は事業主の措置に協力する（努力義務）

となっています。

　役員も社員も、あらゆるハラスメントをしないようにする責務を負っており、企業は、ハラスメントを防止するための体制を整え、ハラスメント関連の相談に乗り、適切な対応をとるように求められています。さらに、企業は、研修をするように努めることも求められています。

　ちなみに、従前から法制化されていたセクハラやマタハラを防止する法律の条文には、「研修の実施」については規定されていませんでした。2020年6月からは、新規に加わったパワハラ防止条項も含めて、4つのハラスメントすべてに対して「研修の実施」という努力義務が追加されました。

　「研修の実施」が、法律面からも、より重要になっているということです。

　次は、相違点です。セクハラだけは、条文（第11条）の中に次の項目が入っています。

3　事業主は、他の事業主から当該事業主の講ずる第1項の措置の実施に関し必要な協力を求められた場合には、これに応ずるように努めなければならない。

　これは、自分の会社の社員が、取引先など他社の社員にセクハラ行為をしてしまったときに、相手の会社から、調査を求められた場合に協力するように努めなければならないという規定です。

　例えば、元請会社の男性社員が下請会社の女性社員にセクハラをしたとします。下請会社は、元請会社から取引を打ち切られることを恐れて、元請会社に対して調査を申し出ることをしない可能性があります。これでは、下請会社の女性社員は、被害を受けても泣き寝入りをすることになってしまいます。こうしたことが起こらないように、法律に調査への協力が書き加えられたというわけです。

　言うまでもなく他社の社員に対しても、セクハラ行為を行ってはいけないのであり、もし、他社からセクハラの調査を依頼されたら、きちんと調査し、セクハラの事実が確認されたら必要な措置をとる必要があるということです。

　この条項が書き加えられたのは、2018年に財務省事務次官がテレビ局の女性社員に対してセクハラをしたと報道されたことがきっかけと考えられています。

　週刊誌に情報が流されて大きなニュースとなりましたが、最も望ましい対応は、女性社員から相談を受けたテレビ局が財務省に調査を依頼することでした。

　国の体制としても不備があることが浮かび上がってきたため、国は人事院規則を改正しました。

　セクハラ防止について規定した人事院規則10-10の中に、

「人事院は、職員以外の者であって職員からセクシュアル・ハラスメントを受けたと思料するものからの苦情相談を受けるものとし、当該苦情相談の迅速かつ適切な処理を行わせるため、人事院事務総局の職員のうちから、当該苦情相談を受けて処理する者をセクシュアル・ハラスメント相談員として指名するものとする」

という項目を追加しました（2019年4月1日から施行）。

つまり、国家公務員が民間の人にセクハラをした場合には、民間の人は人事院に申し出て調査をしてもらうことができるということです。

同様のことを民間対民間の関係においても実現しようというのが、セクハラの調査に関する規定です。外部から調査を求められた場合には、応じるように努めなければなりません。自社社員に対してヒアリングをし、事実関係を調査して、先方の会社に結果を伝えるといったことが必要になります。事実が認定された場合には、必要な処分などを行う必要も出てきます。

なお、人事院規則10-10の改正においては、幹部職員はセクハラ研修を受けることが事実上義務付けられました。公務職場において、「研修」のウエイトが高まっていると捉えることができます。

民間向けの法律で「研修の実施」が努力義務化されたことも併せて考えると、世の中の流れは、「研修強化」の方向に進んでいると言えます。

別の言い方をすれば、「研修強化」は「未然防止強化」です。

4つの指針について知っておく

　次に、法律に基づいて出されている指針について見ていきます。厚生労働省は、パワハラ防止指針、セクハラ防止指針、マタハラ防止指針、ケアハラ防止指針の4つの指針を出しています。

　このうち、ケアハラについての指針だけは、他の指針と違う作りとなっています。「子の養育又は家族の介護を行い、又は行うこととなる労働者の職業生活と家庭生活との両立が図られるようにするために事業主が講ずべき措置等に関する指針」の一部に、ハラスメントに関連する部分が含まれています。その部分だけを取り出して、便宜的に、「ケアハラ防止指針」と呼ぶことにします。

　法律よりも指針のほうが研修担当者にとっては、より重要です。4つの指針を細かく読み込むのが一番良いのですが、少なくとも、「共通点」と「相違点」は押さえておきましょう。

　「共通点」と「相違点」という視点を持って読むと、理解しやすくなります。また、それぞれのハラスメントの特徴が浮かび上がってきます。

　全体の構成は、**図表3-2**のようになっています。

◆図表3-2　4つのハラスメント防止指針の構成

パワハラ防止指針	セクハラ防止指針	マタハラ防止指針	ケアハラ防止指針
1　はじめに	1　はじめに	1　はじめに	第一　趣旨
2　パワハラの内容	2　セクハラの内容	2　マタハラの内容	十四（一）ケアハラの内容
3　事業主等の責務	3　事業主等の責務	3　事業主等の責務	（二）事業主等の責務
4　事業主が雇用管理上講ずべき措置の内容（10項目）	4　事業主が雇用管理上講ずべき措置の内容（10項目）	4　事業主が雇用管理上講ずべき措置の内容（11項目）	（三）事業主が雇用管理上講ずべき措置の内容（11項目）
	5　他の事業主の講ずる雇用管理上の措置の実施に関する協力		
5　事業主が行うことが望ましい取組の内容	6　事業主が行うことが望ましい取組の内容	5　事業主が行うことが望ましい取組の内容	（四）事業主が行うことが望ましい取組の内容
6　事業主が自らの雇用する労働者以外の者に対する言動に関し行うことが望ましい取組の内容	7　事業主が自らの雇用する労働者以外の者に対する言動に関し行うことが望ましい取組の内容	6　事業主が自らの雇用する労働者以外の者に対する言動に関し行うことが望ましい取組の内容	
7　事業主が他の事業主の雇用する労働者等からのパワーハラスメントや顧客等からの著しい迷惑行為に関し行うことが望ましい取組の内容			

大きな枠組みを捉えていただくため、順番に概要を見ていきます。

■1　はじめに
　各ハラスメントの根拠法令、防止の目的が書かれています。

■2　ハラスメントの内容
　各ハラスメントの定義などが書かれています。

　この中には「職場」と「労働者」についての定義も書かれています。「職場」と「労働者」の定義は、4つのハラスメントでほぼ共通です。

　「職場」とは、オフィスだけでなく、事実上働いている場所は、すべて職場とみなされます。全員参加の飲み会の場は、職場とみなされますし、打合せをしている飲食店や出張先のホテル、取引先のオフィスや工場も職場とみなされます。社員寮、通勤中も職場とみなされます。

　職場という言葉のイメージにとらわれず、拡大解釈して「あらゆる場所でハラスメントは禁止されている」と捉えておいたほうがよいでしょう。

　「労働者」の中には、パートタイム労働者、契約社員など非正規雇用の人も含まれますし、派遣労働者も含まれます。また、指針後半で出てくる「望ましい取組の内容」の中には、個人事業主、インターンシップを行っている者、就職活動中の学生、求職者、他社の社員も含めることが望ましいとされています。労働者という概念に限定せずに、「あらゆる人に対してハラスメントは禁止されている」と捉えておいたほうがよいでしょう。

　「就業環境が害される」という言葉についても、4つのハラスメントで定義はほぼ共通です。

「能力の発揮（や継続就業）に重大な悪影響が生じる等当該（女性）労働者が就業する上で看過できない程度の支障が生じること」とされています。

このほか、「不利益を受けること」「不利益な取扱いを示唆されること」「制度等の利用が阻害されるもの」も就業環境が害されていると判断されます。

■3　事業主等の責務（全ハラスメント共通）

この部分は、法律の規定をなぞっています。事業主の責務として、「ハラスメントを行ってはならないこと」について社員に周知させ、社員の関心と理解を深めることが求められています。そのために、研修の実施も、努力義務とされています。

役員、労働者の責務も法律と同じ内容が書かれています。

■4　事業主が雇用管理上講ずべき措置の内容（全ハラスメントほぼ共通）

指針の根幹となる部分です。どういう措置をとらなければいけないかが明記されています。この部分は、きわめて重要であるため、別記することにします（70ページ参照）。

■5　他の事業主への協力（セクハラのみ）

男女雇用機会均等法第11条第3項に沿った内容で、他の事業主への協力が努力義務として定められています。

他の事業主から「御社の社員にうちの社員がセクハラを受けたと言っていますので、調査していただけませんか」と求められたときには、事実関係の確認などに協力するように努めなければなりません。

また、こうした調査協力を求められたことを理由として、「あの会社はうるさいことを言ってくるから、もう契約を打ち切ろう」などといった不利益な取扱いをしないように求められています。

■5or6　事業主が行うことが望ましい取組の内容（全ハラスメントほぼ共通）

　措置義務及び努力義務ではないけれども、望ましい取組みとして次のような内容が書かれています。

・複合的に絡み合ったハラスメントもあり、明確な区分をすることが難しいため、パワハラ、セクハラ、マタハラ、ケアハラの相談窓口を一元化する
・原因や背景となる要因を解消するための取組を行う
・措置を講じる際には、組合等に参加してもらいながら、アンケート調査や意見交換を実施する
・運用状況の的確な把握や必要な見直しの検討に努める

■6or7　事業主が自らの雇用する労働者以外の者に対する言動に関し行うことが望ましい取組の内容（ケアハラ以外すべて）

　他の会社の従業員、個人事業主、インターンシップを行っている者、就職活動中の学生、求職者なども含めて、基本的に誰に対してもハラスメントを行わないように求められています。

　この項目が強調されているのは、近年、就活生に対するセクハラ事件が相次いだためです。就活生は「労働者」ではありませんが、就活生に対するセクハラも防止していかなければなりません。「労働者」ではない人に対しても、会社側はハラスメントをさせないように対応をとってください、という項目です。

なお、ケアハラの場合は、社内の育児休業制度、介護休業制度を利用する人に対するハラスメントであるため、外部の人や就活生に対してのケアハラは起こらないと考えられます。そのため、ケアハラに関してはこの部分の記載はありません。

■7　望ましい取組の内容（パワハラのみ）

　他社の役職員から受けるハラスメントや、顧客等からの著しい迷惑行為に関するもので、いわゆる「カスタマーハラスメント」と呼ばれているものへの対応です。

　営業担当者や窓口担当者が顧客や利用者から長時間にわたって怒鳴り付けられたり、土下座を要求されたりする悪質な例もあります。

　運輸業界では、駅員などが利用者から暴力を受けることがあり、医療・介護現場でも患者や利用者からの暴言は頻繁に起こっているとされています。

　業種・業態によってかなりの差がありますが、外部の人からのハラスメントであっても、社員は傷つき、メンタルヘルス不調につながってしまうこともあります。

　安全配慮義務の観点からも、社員を守る必要がありますので、外部の人からのハラスメントにも対応することが望ましいとされています。そのためのいくつかの取組方法が指針に記載されています。

4つの指針における各ハラスメントの「定義」は？

　指針の2番目の項目には、各ハラスメントの定義が書かれています。

　定義は右の**図表3-3**のようになっています。定義については、しっかりと見ておきましょう。

「なお書き」部分も重要です。

　労働者が不満に感じるすべてのことがハラスメントに該当するわけではないことが明記されています。

　パワハラに関しては、「客観的にみて、業務上必要かつ相当な範囲で行われる適正な業務指示や指導」についてはハラスメントに該当しないとされています。

　マタハラ、ケアハラに関しては、「業務分担や安全配慮等の観点から、客観的にみて、業務上の必要性に基づく言動によるもの」についてはハラスメントに該当しないとされています。

　客観性や業務上の必要性なども、判断材料の1つであることがわかります。

　大きく違っているのは、セクハラです。セクハラに関しては、パワハラ、マタハラ、ケアハラのように、定義を限定する「なお書き」になっていません。むしろ、定義を広げる「なお書き」です。

　同性に対する言動、性的少数者に対する言動も、セクハラに含まれるとされています。この点は、非常に重要なポイントです（128ページ参照）。

◆図表3-3 「ハラスメントの内容」

パワハラ 防止指針	セクハラ 防止指針	マタハラ 防止指針	ケアハラ 防止指針
パワハラとは、職場において行われる ① 優越的な関係を背景とした言動 ② 業務上必要かつ相当な範囲を超えたもの ③ 労働者の就業環境が害されるもの ①から③までの要素をすべて満たすもの なお、客観的にみて、業務上必要かつ相当な範囲で行われる適正な業務指示や指導については、パワハラには該当しない。	セクハラとは、職場において行われる 性的な言動に対する労働者の対応により当該労働者がその労働条件につき不利益を受けるもの（対価型） 当該性的な言動により労働者の就業環境が害されるもの（環境型） なお、職場におけるセクハラには、同性に対するものも含まれる。 また、被害を受けた者の性的指向又は性自認にかかわらず、当該者に対するセクハラも対象となる。	マタハラとは、上司又は同僚から行われる以下のものがある。 妊娠又は出産に関する制度又は措置の利用に関する言動により就業環境が害されるもの（制度等の利用への嫌がらせ型） 妊娠したこと、出産したことその他の妊娠又は出産に関する言動により就業環境が害されるもの（状態への嫌がらせ型） なお、業務分担や安全配慮等の観点から、客観的にみて、業務上の必要性に基づく言動によるものについては、マタハラには該当しない。	ケアハラとは、上司又は同僚から行われる、 その雇用する労働者に対する制度等の利用に関する言動により就業環境が害されるもの。 なお、業務分担や安全配慮等の観点から、客観的にみて、業務上の必要性に基づく言動によるものについては、ケアハラには該当しない。

４つの指針でわかるハラスメントの全体構造

　指針の中には、各ハラスメントの「発生の原因や背景」と、「起因する問題」が書かれています。一覧にしたのが右ページの**図表3-4**です。

　この部分は、各ハラスメントの全体構造を知るうえで重要です。「原因」がわかれば、防止するための対応法が見えてきますし、「起こり得る結果」を知れば、取り組む必要性を認識できます。

　世の中のどのような事象も、原因は複合的なものであり、単一の原因で起こるわけではないと考えられています。ただ、原因の中にはルートコーズ（根本原因）となっているものもあるはずです。効果的に予防をするには、枝葉の原因ではなく、ルートコーズを解決していくことが重要です。

　各指針に書かれている「原因や背景」は、ルートコーズに該当すると考えられます。

　パワハラの場合は、「コミュニケーションの希薄化」が指摘されています。

　コミュニケーションが少ないと、お互いに十分に意思疎通ができておらず、悪意のないちょっとした言葉でも、誤解を生んでしまったりすることがあります。それがきっかけで、関係がこじれて、怒りの感情が生まれてパワハラにつながっていく可能性もあります。

　パワハラ問題を根本から解決するためには、コミュニケーションを増やしていくこと、コミュニケーションを良好にしていくことが重要です。

◆図表3-4 「原因や背景」と「結果」

パワハラ 防止指針	セクハラ 防止指針	マタハラ 防止指針	ケアハラ 防止指針
発生の原因や背景 　労働者同士のコミュニケーションの希薄化などの職場環境の問題もある。	発生の原因や背景 　性別役割分担意識に基づく言動もある。	発生の原因や背景 （i）　妊娠、出産等に関する否定的な言動が頻繁に行われるなど制度等の利用又は制度等の利用の請求等をしにくい職場風土や、 （ii）　制度等の利用ができることの職場における周知が不十分であることなどもある。	発生の原因や背景 （i）　育児休業等に関する否定的な言動が頻繁に行われるなど制度等の利用又は制度等の利用の申出等をしにくい職場風土や、 （ii）　制度等の利用ができることの職場における周知が不十分であることなどもある。
ハラスメントに起因する問題 ・労働者の意欲の低下 ・職場環境の悪化 ・職場全体の生産性の低下 ・労働者の健康状態の悪化 ・休職や退職などにつながり得ること ・これらに伴う経営的な損失			

ハラスメントの全体構造

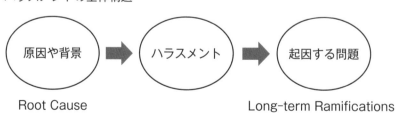

4つの指針でわかるハラスメントの全体構造　67

セクハラの場合は、セクハラ防止指針の中で、「性別役割分担意識」の問題が指摘されています。

　セクハラは、性差別的な意識が根本にあると考えられるため、単にコミュニケーションを良くしただけでは、根本解決にはつながらない可能性があります。

　コミュニケーションというのは、テクニック的な要素が大きく、テクニックさえ身に付ければ、すぐに変化し始めます。効果が現れるまでのリードタイムが短く、即効性があります。

　それに対して、意識というのはそう簡単に変わるものではなく、取組みを始めてから実際に意識が変わるまでのリードタイムが非常に長くかかります。

　セクハラ防止が法制化されて20年以上経ちますが、それでもセクハラは起こっています。アメリカでは、1964年に公民権法ができてから50年以上経ち、日本よりずっと前からセクハラ防止に取り組まれてきましたが、それでも性差別的な意識は解消されておらず、セクハラは起こり続けています。

　意識の問題がルートコースにあると考えられているセクハラは、意識改革が実現されるまでに非常に長い時間がかかりますから、研修などを地道に続けていく必要があります。

　マタハラ、ケアハラについては、各指針の中で、「制度についての周知不足」や「制度を利用しにくい職場風土」が原因や背景としてあげられています。

　「制度についての周知不足」に対しては、制度についてきちんと伝えていくことで解決できます。職場風土に関しては、人々の意識の問題も関係していると考えられますので、こちらは時間がかかると見ておいたほうがよいでしょう。

起因する問題（起こり得る結果）に関しては、4つのハラスメントともに、共通の内容が指針に書かれています。起こり得る結果をきちんと認識できれば、ハラスメントを防止する必要性が理解できるはずです。

　リーダーシップの研究によれば、不適切なリーダーシップをとっている人は、目の前の短期的なことに意識が集中してしまって、ロングターム・ラミフィケーション（long-term ramifications：長期的な影響・波紋）をよく認識していないとされています。

　不適切なリーダーシップの下では、長期的に重大なダメージをもたらす場合であっても、目の前の利益が最優先されてしまう傾向があります。

　例えば、売上げを上げるために、部下を恫喝すると、部下は上司の恫喝から何とかして逃れたいと考えます。やってはいけないこととわかっていても、顧客に虚偽の説明をしたり、書類の数字を書き換えたりして、売上げを上げようとするかもしれません。

　実際、不正事件があった会社の調査報告書の中には、上司によるパワハラが背景にあったという指摘がされることがあります。

　パワハラによって不正を誘発してしまうと、何年間もの売上げがすべて吹っ飛ぶような長期的なダメージが発生する可能性がないとは言えません。

　「今これをすると、長期的には、悲惨なことが起こる」と強く認識できていれば、抑止の力が働く可能性があります。起こり得る結果を認識しておくことも、ハラスメント防止のために有効です。

　研修では、「原因や背景」と「起こり得る結果」の両方を伝えて、全体構造を理解してもらうことが大切です。

指針で求められている措置は
10項目又は11項目

　4つの指針で求められている具体的な措置内容は、パワハラ、セクハラは10項目、マタハラ、ケアハラは、項目が1つ多く、11項目です（**図表3-5**）。

　都道府県労働局長宛てに発出された、指針を運用するための通達には「これらについては、企業の規模や職場の状況の如何を問わず必ず講じなければならないものであること」と記載されています。

　つまり、10項目又は11項目は、絶対にやらなければいけない措置内容であるということです。

　事案が発生しなければ、相談対応の部分である④〜⑧はやらなくてもよいのですが、事案がまったく発生しないことは考えにくいですから、基本的には全項目が必須措置です。やっておかないと、措置義務違反を問われる可能性があります。

◆図表3-5 「求められる措置内容」

パワハラ 防止指針	セクハラ 防止指針	マタハラ 防止指針	ケアハラ 防止指針
事業主が雇用管理上講ずべき措置の内容（10項目） ① 方針明確化と周知 ② 厳正対処方針の周知 ③ 相談窓口の設置と周知 ④ 窓口での適切な対応 ⑤ 事実確認 ⑥ 被害者への配慮措置 ⑦ 行為者への措置 ⑧ 再発防止措置 ⑨ プライバシー保護措置と周知 ⑩ 不利益取扱禁止と周知		事業主が雇用管理上講ずべき措置の内容（11項目） ① 方針明確化と周知 ② 厳正対処方針の周知 ③ 相談窓口の設置と周知 ④ 窓口での適切な対応 ⑤ 事実確認 ⑥ 被害者への配慮措置 ⑦ 行為者への措置 ⑧ 再発防止措置 ⑨ プライバシー保護措置と周知 ⑩ 不利益取扱禁止と周知 ⑪ 要因解消措置	

各項目のポイントだけ示すと、次のようになっています。チェックリスト的に使って、自社の対応をご確認ください。

① 方針明確化と周知

□就業規則等に「ハラスメントを行ってはならない」と記載、つまり、禁止規定を盛り込み、会社の方針を明確化し、周知する

□根本原因から解決して予防していくため、各ハラスメントの発生の原因や背景について周知・啓発する

□周知の方法は、社内報、パンフレット、社内ホームページ、啓発資料などの配付等

□研修・講習の実施をして、社員に周知する

② 厳正対処方針の周知

□就業規則等に、ハラスメントを行った者には、厳正に対処する旨を記載、つまり懲戒規定などを定める

□懲戒規定を定めた就業規則等について、社員に周知する

③ 相談窓口の設置と周知

□社内相談窓口、又は、社外相談窓口を設置する

□社内相談窓口を設置する場合は、相談担当者を選任する

□相談窓口について、社員に周知する

④ 窓口での適切な対応

□ハラスメント相談あるいは苦情相談は、ハラスメントが生じているかどうか微妙なものも広く受け付ける。放置すればハラスメントが生じる恐れのあるケースも受け付ける

□心身の状況にも配慮する

□当該言動を受けた際の受止めなどの認識にも配慮する

□相談担当者が人事部門以外の人のときには、双方が連携を図る

□相談対応マニュアルを策定しておき、それに基づいて対応する

□相談担当者の研修を行う

⑤　事実確認

□事実関係の迅速かつ正確な確認を行う

□相談者と行為者の双方から事実確認する

□相談者の心身の状況や受止めなどの認識にも配慮する

□相談者と行為者の主張に不一致があるときは、必要に応じて第三者から
　も事実確認をする

□社内での事実確認が困難な場合には、法に基づく中立的な第三者機関に
　紛争処理を委ねる

⑥　被害者への配慮措置

□ハラスメントが生じた事実が確認できた場合は、速やかに被害者に対す
　る配慮のための措置を適正に行う

□中立的な第三者機関に紛争処理を委ねた場合は、第三者機関の解決案に
　従った措置を被害者に対して行う

⑦　行為者への措置

□ハラスメントが生じた事実が確認できた場合は、行為者に対する措置を
　適正に行う

□中立的な第三者機関に紛争処理を委ねた場合は、第三者機関の解決案に
　従った措置を行為者に対して行う

⑧　再発防止措置

□ハラスメントが生じた事実が確認できた場合も、確認できなかった場合
　も、「ハラスメントを行ってはならないこと」、「ハラスメントを行った者

には、厳正に対処すること」などを社内報、パンフレット、社内ホームページ、啓発資料などの配付等によって、再度周知する

□ハラスメントに関する意識を啓発するための研修、講習等を改めて実施する

⑨　プライバシー保護措置と周知

□相談者、行為者のプライバシーを保護する（プライバシーには、性的指向・性自認や病歴、不妊治療等の機微な個人情報も含まれる）

□相談者等のプライバシーが守られることを社員に周知する

□プライバシー保護のマニュアルを策定しておき、それに基づいて対応する

□プライバシー保護のための相談担当者の研修を行う

⑩　不利益取扱禁止と周知

□会社や都道府県労働局に相談したことなどによって、解雇やその他の不利益な取扱いをされないことを社員に周知・啓発する

　なお、マタハラ、ケアハラは、11番目の項目として、「原因や背景となる要因を解消するための措置」も必須とされています。

⑪　要因解消措置

□業務の偏り軽減、業務分担の見直し

□業務の点検、業務の効率化等

　この「要因解消措置」は、マタハラ、ケアハラの特徴をよく表しています。

　マタハラ、ケアハラが生じる大きな原因は、休む人がいることによって、周囲の人の仕事の負担が増えることです。

負担増加による不満もあり、休む人に対して否定的な言動や嫌がらせ、攻撃などが起こってしまいます。

　ですから、事業主（現場の管理監督者）は、「周囲の労働者への業務の偏りを軽減するよう、適切に業務分担の見直し」をすることが求められています。そのために、業務の点検、業務の効率化も重要とされています。

　また、休む側の人も、周囲の人に協力してもらう形になるわけですから、協力を得やすくするために、周囲の人と円滑なコミュニケーションをとりながら、業務を適切に遂行していく意識も持ってください、と記されています。

　以上の措置義務内容のうち、「研修」との関係を確認しておきます。「研修」と関係があるのは、

（役員、管理職、一般社員研修）

・就業規則の規定や会社の方針を周知する

・原因や背景について、周知・啓発する

・窓口の設置（相談先、プライバシーは守られること、不利益な取扱いを受けないこと）について、周知する

・事案が発生したときは、再発防止のために意識を啓発する

（相談担当者研修）

・相談担当者に、対応法の研修を行う

・相談担当者に、プライバシー保護の研修を行う

　これらの内容を各研修に盛り込めば、ほぼ法令に沿った研修をすることができます。

4つの指針の相談後の対応の違いを比較する

　窓口で相談に応じた後には、適切に対応しなければなりません。ハラスメントが生じた事実が確認された場合には、右ページの**図表3-6**の措置を行う適正に必要があります。

　比較をしてみると、違いが見えてきます。

　パワハラ、セクハラの場合は、「被害者と行為者を引き離すための配置転換」という項目が入っています。パワハラ、セクハラの対応の基本は「セパレート（分離）」です。

　小規模な職場であって別の部署への異動が無理な場合でも、席を離すなどの配慮が必要です。原則的には、相談者に不利益が生じないように、行為者のほうを引き離します。相談者が望んだ場合は、相談者を異動させる場合もあります。

　ただし、気を付けなければいけないのは、パワハラのケースです。パワハラの場合、行為者を異動させても、異動先で別の人にパワハラをしてしまうことがあります。十分に反省していない場合は、「部下を持たせない」といった対応も必要になります。

　マタハラ、ケアハラの場合は、引き離すことよりも、「職場環境整備」、「制度を利用できるようにすること」が求められています。

　マタハラ、ケアハラの防止は、職業生活と家庭生活を両立してもらうことが大きな目的です。人間関係の調整も必要ですが、両立できるように支援することが、法律の趣旨に沿った配慮となります。

◆図表3-6 「相談後の対応」（被害者と行為者）

パワハラ 防止指針	セクハラ 防止指針	マタハラ 防止指針	ケアハラ 防止指針
被害者に対する配慮のための措置 ① 被害者と行為者の間の関係改善に向けての援助 ② 行為者の謝罪 ③ 管理監督者又は事業場内産業保健スタッフ等による被害者のメンタルヘルス不調への相談対応 ④ 被害者と行為者を引き離すための配置転換 ⑤ 被害者の労働条件上の不利益の回復		被害者に対する配慮のための措置 ① 被害者と行為者の間の関係改善に向けての援助 ② 行為者の謝罪 ③ 管理監督者又は事業場内産業保健スタッフ等による被害者のメンタルヘルス不調への相談対応 ④ 被害者の職場環境の改善 ⑤ 迅速な制度等の利用に向けての環境整備	
行為者に対する措置 ① 就業規則等に基づいた必要な懲戒措置等 ② 被害者と行為者の間の関係改善に向けての援助 ③ 行為者の謝罪 ④ 被害者と行為者を引き離すための配置転換		行為者に対する措置 ① 就業規則等に基づいた必要な懲戒措置等 ② 被害者と行為者の間の関係改善に向けての援助 ③ 行為者の謝罪	
中立的な第三者機関に紛争処理を委ねた場合：第三者機関の紛争解決案に従った措置を被害者、行為者に対して講ずる			

第4章

ハラスメントの
全体像を把握する

〈本章のねらい〉

　「ハラスメントとは何か」をさまざまな角度から考えてみましょう。ハラスメントの全体像を把握しておくと、研修のときに説明しやすくなります。研修の主要テーマは「パワハラ」になることが多いですから、本章ではパワハラ関連の情報を中心にしています。パワハラ防止のカギを握る経営者・幹部向け研修のために「情報と判断」の視点も入れています。

ハラスメントは、一方的な言動で起こる

　世の中の多くのトラブルは、「一方的な言動」と関係しています。一方的な通告、一方的な取引打ち切り、一方的な契約解除、一方的な条件変更……。それらがトラブルを生んでいる例はたくさんあります。一方的な言動によって生じるトラブルの1つがハラスメントです。

　相手から一方的なことをされると、誰でも不快な気持ちになります。それは自分が"尊重されていない"と感じるためです。"尊重されていない"と感じているときに、相手から暴言などを言われれば、「ハラスメントだ」と感じてもおかしくはありません。

　パワハラは、上司から部下への一方的な言動が続いているときによく起こります。部下はものも言えず、逆らうこともできない状況です。その状況で、上司から暴言などを浴びれば、"尊重されていない"どころか、存在そのものを否定されているかのように感じます。ハラスメントと感じるのは当然です。

　セクハラの場合も、双方が十分に合意しているのであれば、トラブルが生じることはありませんが、どちらかの一方的な思い、あるいは一方的な思い込みによる言動があると、相手は「意に反することをされた」「セクハラを受けた」と感じることがあります。

　マタハラの場合も、「子供が生まれたら、会社を辞めて子育てに専念すべきだ」といった価値観を一方的に押し付けられたようなときにトラブルが生じています。

　ハラスメントの全体構造は、右ページの**図表4-1**のようになっています。

◆図表4-1　ハラスメントの構図

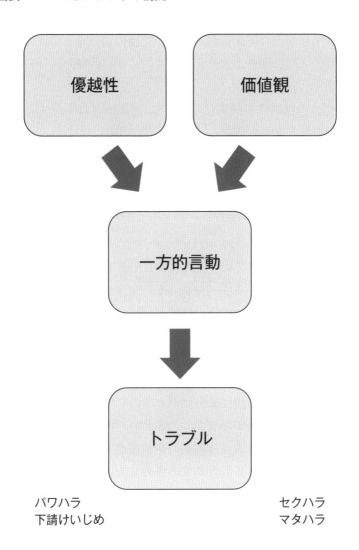

優越性　　価値観

一方的言動

トラブル

パワハラ　　　　　　　　　　　　　　　　セクハラ
下請けいじめ　　　　　　　　　　　　　　マタハラ

「優越性」は、一方的な言動につながりやすい要因です。

　上司―部下、先輩―後輩、元請―下請、親会社―子会社、リクルーター―就活生などの関係においては、立場の弱いほうの人は、優越的な立場の人には逆らえません。何も言えずに我慢し続けるしかなくなります。

　パワハラの優越性の解釈においては、「抵抗又は拒絶することができない蓋然性が高い関係」（パワハラ防止指針）とされています。パワーの強い者とパワーの弱い者の間では、「抵抗も拒絶もしにくい一方的な関係」になりがちです。その状態で不適切な言動があると、企業内ではパワハラにつながり、企業間では下請いじめなどにつながります。

　セクハラの場合は、その原因と背景に「性別役割分担意識」があることが指摘されています（セクハラ防止指針）。「男はこうあるべきだ」「女はこうでなければいけない」「この仕事は女には任せられない」といった意識です。言い換えるなら、固定的な価値観です。

　こうした価値観を相手に押し付けると、一方的な状態が生まれて、トラブルが生じます。

　近年、固定的な価値観に基づいた企業のCMが批判され、炎上することが何度も起こっています。CMというのは、一方的に流されるものです。見ている人には選択の余地がなく、テレビやネットを消したり、見ないようにしたりする以外に方法はありません。見たい番組を見ているときに、突然、CMが入り、固定的な価値観に基づくものが流れてきたら、価値観を「押し付けられた」と感じても不思議ではありません。

　価値観を主張すること自体は問題ないのですが、それは、双方向的な状態や、相手に選択の余地がある状態に限られます。一方的な状態が強ければ、相手にはハラスメントと受け止められてしまう可

能性があります。

　マタハラも、価値観の問題が関係しています。

　「子供が大きくなるまでは、母親が家で面倒を見るべきだ」「男が育児休業をとるなんて、あり得ない」などの価値観を相手に押し付けたり、その価値観に基づいた一方的な言動をとったりすると、相手からハラスメントと受け止められます。

　「優越性」と「価値観」の双方が関係しているケースもありますが、多くの場合は、

　　パワハラ　　　　　　　　「優越性➡一方的言動➡トラブル」
　　セクハラ、マタハラ「価値観➡一方的言動➡トラブル」
　の構図になっています。

　あくまでも筆者の見立てであり、違う見立てもあると思いますが、このようにシンプルに捉えてみたところ、筆者自身は理解しやすくなりました。

　全体の構図を捉えると、対応法が見えてきます。

　ハラスメントを含むトラブルを防止するには、一方的な状態が続かないようにすること。双方向の関係になるようにすることです。

　優越的な立場にある人は、無意識に一方的な言動をしている可能性があります。

　また、自分の価値観にこだわりすぎると、一方的な状態になりがちです。人それぞれ価値観が違いますから、自分の価値観を大切にするように、相手の価値観も尊重することが求められます。

　地位が高く「優越性」が強い人や、確固たる「価値観」を持った人は、それらに気を付けながら、双方向的な関係を作るようにしていけば、トラブルを避けることができるはずです。

パワーハラスメントとは何か？

　パワーハラスメントの法律上の定義は、次のようになっています。

① 　優越的な関係を背景とした言動

② 　業務上必要かつ相当な範囲を超えたもの

③ 　労働者の就業環境が害されるもの

　①から③までの要素をすべて満たすものがパワハラと定義されています。

① 　優越的な関係を背景とした言動とは？

　「優越的な関係」とは、行為者とされる者に対して、「抵抗又は拒絶することができない蓋然性が高い関係」とされています。簡単に言えば、逆らえない、断れないような関係です。

　上司と部下の関係はわかりやすいですが、社員と派遣社員など、さまざまな関係において優越性が存在していることがあります。

　優越性は、部下のほうに存在することもあります。例えば、業務を仕切っているベテランの部下がいて、その部署に新任の上司が赴任してきたとします。上司は、その部下に協力してもらわなければ円滑に仕事を進めることができません。業務に関しては部下のほうが力を持っていると言えますから、部下が意図的に上司に協力しなければ、部下による上司に対するパワハラ（upward harassment）ということもあり得ます。

　また、集団というのは力を持っていますので、集団で特定の人に対して嫌がらせをしたり、無視をしたりすることも、優越的な関係を背景にした嫌がらせとみなされることがあります。

② 業務上必要かつ相当な範囲を超えたものとは？

「業務上必要かつ相当な範囲」とは、一般的な言葉で言えば、「目的も手段も適正な範囲」という意味です。

「こいつを辞めさせてやろう」「追い出してやろう」という目的での言動は、目的が業務上の適正な範囲を逸脱していますから、パワハラと判断される可能性が高くなります。

目的は間違っていないけれども、手段に問題があるケースは少なくありません。例えば、「売上げの低い部下の業績を上げよう」とすることは、目的は間違っているとは言えません。しかし、手段として、恫喝したり、怒鳴り続けたりするのは、手段が適正な範囲を超えていると言えます。手段が適正な範囲を逸脱していると、パワハラと判断されます。「恫喝」「人格攻撃」などは、適正範囲を逸脱した手段です。

手段の態様も考慮され、「度を超える」とパワハラと判断されます。個々の手段は適正でも、過剰、長時間、繰り返しなどは、度を超えているとみなされます。

③ 労働者の就業環境が害されるものとは？

「就業環境が害される」とは、働きにくくなることだけでなく、被害を受けた人が身体的・精神的に苦痛を感じることも含まれます。

苦痛の程度に関しては、「平均的な労働者の感じ方」を基準とするとされています。平均的な労働者が「就業する上で看過できない程度の支障が生じた」と感じるときには、苦痛の限度が看過できる範囲を超えていると判断されます。

この3つの要素は、総合的なものですから、判断はきわめて難しい場合もあります。次ページに、パワハラ防止指針の「パワハラに該当する例」「パワハラに該当しない例」を載せています。

◆図表4-2　パワハラに該当する例、該当しない例

パワハラ防止指針（令和２年厚生労働省告示第５号）より

（限定列挙ではない）

	該当すると考えられる例	該当しないと考えられる例
イ　身体的な攻撃（暴行・傷害）	□殴打、足蹴りを行うこと □相手に物を投げつけること	□誤ってぶつかること
ロ　精神的な攻撃（脅迫・名誉棄損・侮辱・ひどい暴言）	□人格を否定するような言動を行うこと。相手の性的指向・性自認に関する侮辱的な言動を行うことを含む □業務の遂行に関する必要以上に長時間にわたる厳しい叱責を繰り返し行うこと □他の労働者の面前における大声での威圧的な叱責を繰り返し行うこと □相手の能力を否定し、罵倒するような内容の電子メール等を当該相手を含む複数の労働者宛てに送信すること	□遅刻など社会的ルールを欠いた言動が見られ、再三注意してもそれが改善されない労働者に対して一定程度強く注意をすること □その企業の業務の内容や性質等に照らして重大な問題行動を行った労働者に対して、一定程度強く注意をすること
ハ　人間関係からの切り離し（隔離・仲間外し・無視）	□自身の意に沿わない労働者に対して、仕事を外し、長期間にわたり、別室に隔離したり、自宅研修させたりすること □一人の労働者に対して同僚が集団で無視をし、職場で孤立させること	□新規に採用した労働者を育成するために短期間集中的に別室で研修等の教育を実施すること □懲戒規定に基づき処分を受けた労働者に対し、通常の業務に復帰させるために、その前に、一時的に別室で必要な研修を受けさせること

	該当すると考えられる例	該当しないと考えられる例
ニ 過大な要求（業務上明らかに不要なことや遂行不可能なことの強制・仕事の妨害）	□長期間にわたる、肉体的苦痛を伴う過酷な環境下での勤務に直接関係のない作業を命ずること □新卒採用者に対し、必要な教育を行わないまま到底対応できないレベルの業績目標を課し、達成できなかったことに対し厳しく叱責すること □労働者に業務とは関係のない私的な雑用の処理を強制的に行わせること	□労働者を育成するために現状よりも少し高いレベルの業務を任せること □業務の繁忙期に、業務上の必要性から、当該業務の担当者に通常時よりも一定程度多い業務の処理を任せること
ホ 過小な要求（業務上の合理性なく能力や経験とかけ離れた程度の低い仕事を命じることや仕事を与えないこと）	□管理職である労働者を退職させるため、誰でも遂行可能な業務を行わせること □気にいらない労働者に対して嫌がらせのために仕事を与えないこと	□労働者の能力に応じて、一定程度業務内容や業務量を軽減すること
ヘ 個の侵害（私的なことに過度に立ち入ること）	□労働者を職場外でも継続的に監視したり、私物の写真撮影をしたりすること □労働者の性的指向・性自認や病歴、不妊治療等の機微な個人情報について、当該労働者の了解を得ずに他の労働者に暴露すること	□労働者への配慮を目的として、労働者の家族の状況等についてヒアリングを行うこと □労働者の了解を得て、当該労働者の性的指向・性自認や病歴、不妊治療等の機微な個人情報について、必要な範囲で人事労務部門の担当者に伝達し、配慮を促すこと

「オセロ」のようなイメージ

　84ページで、パワハラの３つの要素を紹介しましたが、理解するのが難しい概念かもしれません。

　簡単に言えば「背景・言動・結果」の３つです。プロセスとして捉えれば「前・中・後」のプロセスとも言えます。

① 背景（前）……優越的な関係を背景とした
② 言動（中）……業務上必要かつ相当な範囲を超えた言動
③ 結果（後）……労働者の就業環境が害される

　例えば、怒鳴った、机を叩いたというのは②の「言動」です。「言動」を適正化していくことはもちろん重要ですが、要素は３つあるわけですから、他の２つの要素にも目を向ける必要があります。むしろ、他の２つのほうが対応しやすいかもしれません。

　怒鳴っているときは、怒りでカッとしている状態ですから、「冷静になりましょう」とか「適切な行動をとりましょう」といったアドバイスは完全に忘れている状態です。

　怒鳴る前と、怒鳴った後であれば、比較的冷静な状態でしょうから、その状態のときのほうが、理性的な対応をとりやすいはずです。

　人間は誰でもエラーをします。ときには、他者を害するエラーをしてしまうかもしれません。エラーが容認されるわけではありませんが、エラーをゼロにすることは事実上できませんので、少なくとも、エラーの前と後はしっかりと対応しておくことが重要です。

　自分が優越的な立場であっても、自分の意見も言うし、相手の意

見も聞くという双方向的なコミュニケーションをとって、良好な関係性を作っておけば、怒鳴ったときに相手に与えるインパクトは弱まります。

　怒鳴りすぎるなど、行き過ぎた言動をしてしまったら、その後にきちんと謝ったり、関係を修復するコミュニケーションをとったりすると、相手の受け止め方は変わってきます。相手を傷付け、就業環境を害してしまったとしたら、そのダメージを修復する必要があります。

　前と後をしっかりとやることも、重要な対策です。

◆図表4-3　前・後を「白」にしていく

| 前 | 中 | 後 | | 前 | 中 | 後 |

「オセロ」のようなイメージで考えていただいてもよいでしょう。

　真ん中の「グレー」を、前後の「白」で挟めば、「グレー」でも相手には「白」っぽく感じられるかもしれません。

　しかし、普段、相手との人間関係作りもしておらず、コミュニケーションも常に一方的というのでは、前は「黒」。そして、暴言を吐いても、謝りもせず、そのまま放置していたら、後も「黒」。「黒」と「黒」で挟まれたら、相手には「グレー」は「黒」と受け止められるでしょう。

　「グレー」な言動を適正化（「白」に）していくことが優先ですが、それが簡単ではないのであれば、せめて、前・後を「白」にしていくことが大切です。

　パワハラをプロセスとして捉えて「前・中・後」の３つの要素と覚えておくと、忘れにくくなります。

「置き換えテスト」を使って判断する

　パワハラの判断においては、「平均的な労働者の感じ方」を基準として、「就業する上で看過できない程度の支障が生じたと感じる」かどうかによって判断することとされています。

　しかし、この基準だけではわかりにくいですから、筆者は「置き換えテスト」をお勧めしています。同じくらいの経験・知識を持った人、同じような属性の人に置き換えて判断するのです。

　例えば、課長Aが新人Dに対して怒鳴り付けたとします。同じ状況において、課長Bや課長Cも、課長Aと同じように怒鳴り付けるかどうかを想像してみます。新人Dのミスがあまりにもひどくて、課長Bや課長Cも、かなり強い口調で叱責をするだろうというときには、課長Aの言動はそれほど逸脱をしていないかもしれません。しかし、課長Bや課長Cが「新人がこのくらいのミスはよくあること。そこまで怒鳴るようなことじゃない」と言うと想像できるのであれば、課長Aの言動は行き過ぎと考えられます。

　同じく、新人Dを他の新人E、新人Fに置き換えて、その2人も「あんな言い方をされたら、著しく苦痛になる、看過できないほどの支障が出る」と言うと想像されるのであれば、新人Dの被害はかなり大きいと判断できます。新人Dを平均的な社員G、Hに置き換えてしまうと、社員G、Hは、「あんなことくらい、どうということはない」と感じるかもしれません。新人には新人の感じ方がありますから、平均的な新人に置き換えます。

　あくまでも想像の世界で判断するわけですが、置き換えて想像してみると、「適切な言動かどうか」の判断材料が増えてきます。

◆図表4-4　同じような属性の人に置き換えて想像してみる

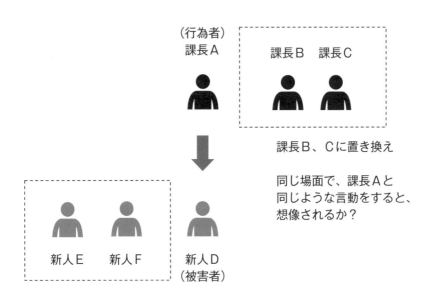

（行為者）
課長A

課長B　課長C

課長B、Cに置き換え

同じ場面で、課長Aと
同じような言動をすると、
想像されるか？

新人E　新人F　新人D
（被害者）

新人E、Fに置き換え

同じ場面で、課長Aの
言動に対して、新人Dと
同じような苦痛を感じる
と、想像されるか？

人物イラスト：Leremy/shutterstock

パワハラによって生じる
ダメージとは？

　ハラスメントは深刻なダメージをもたらすことがあります。

　図表4-5は、個人、職場、組織全体の３つに分類して、それぞれのダメージを整理してみました。◆で表したのは、指針の中に書かれている項目です（66ページ参照）。

　指針には、主に被害者のダメージが掲載されています。

　被害者のダメージは計り知れず、体の健康を害したり、うつ病になったりする例も少なくありません。自殺に至ってしまった場合などは、取り返しの付かないダメージとなります。休職、退職に追い込まれれば、経済的ダメージも発生します。

　指針では明記されていませんが、行為者側も長期的に見ると大きなダメージを受けます。懲戒処分を受けたり、損害賠償を支払ったりするケースもあります。行為者の中にも、体の健康を害したり、うつ病になってしまったりする人もいます。自分の言動が引き起こしたこととはいえ、深刻なダメージが待ち受けているかもしれないことは、認識しておいてもらったほうがよいでしょう。

　職場のダメージも深刻です。パワハラの場合は、不祥事や事故につながるケースもあります。上司から追い詰められた人が、不正な手段を使ってでも営業成績を上げようとする例が、ときどき報告されています。パワハラが不祥事につながるとダメージは深刻です。

　組織全体としても、レピュテーション（評判）が下がり、信用を失い、大きな経営損失に結び付きます。ネットやマスコミに企業名

が出れば、売上減少のほか、人材採用にも影響しかねません。もちろん、訴訟・損害賠償のリスクもあります。

　ハラスメントが企業に与えるダメージは深刻です。

◆図表4-5　ハラスメントによって生じるダメージ

```
＜個人のダメージ＞
◆労働者の健康状態の悪化
◆労働者の意欲の低下
◆就業環境の悪化
◆休職や退職などにつながり得ること
・行為者（処分、損害賠償、健康状態の悪化等）

＜職場のダメージ＞
◆就業環境の悪化
◆休職や退職などにつながり得ること
◆職場全体の生産性の低下
・不祥事
・事故

＜組織全体のダメージ＞
◆それらに伴う経営的な損失
・人材採用難
・企業名公表
・レピュテーション低下
・信用喪失
・訴訟・損害賠償
```

「厚労省の企業名公表」より怖い 「SNSの企業名公表」

　ハラスメント防止法では、いずれのハラスメントについても、「企業名公表」という制度が導入されています。厚生労働大臣の勧告に従わなかった企業は、その旨が公表されます。

　とはいえ、企業は勧告を受けた段階で勧告に従いますから、実質的には、企業名公表はほとんどないと考えられています。セクハラに関しては10年以上前から企業名公表の条項がありますが、公表された企業はほとんどないようです。

　しかし、滅多に公表されないのに企業名が公表されたとしたら、非常に目立ちます。パワハラの企業名公表第１号になれば、メディアも報道するはずです。滅多に公表されないからこそ、十分に気を付ける必要があります。

　「厚生労働省による企業名公表」よりももっと怖いのは、「SNSによる企業名公表」です。社員が勝手にSNSで企業名公表してしまうことはあり得ます。いったんSNSで広がったら、情報の信憑性に関係なく広がっていきます。ハラスメントを受けて恨みを持っている人は、「仕返しをしてやりたい」という気持ちもありますので、SNSに書き込むことは十分に予想されることです。

　「会社が相談に応じてくれて、適切に対応してくれるだろう」と思っていれば、そのようなことはしないでしょうが、「どうせうちの会社は、何も対応してくれない。私のほうが悪いことにされ、相手をかばうに違いない」と思っていれば、恨みの気持ちから、SNSなどに書き込んでしまうかもしれません。

就業規則等に違反する行為かもしれませんが、恨みを持っている人はそういったことは気にしないでしょう。

　個人によるSNSでの企業名公表のほうが、起こり得る可能性が高いことであり、しかも、その影響力も非常に大きなものです。ネット上に出た情報は、永遠に消えない可能性もあります。

　就職活動中の学生も、アルバイトを探している人も、ネットで情報を検索していますから、後々まで採用活動に影響します。「募集しているのに人が入ってこない」ということにもなりかねません。

　SNSに書き込まれる内容は「パワハラを受けた」「セクハラを受けた」というレベルに留まらない恐れがあります。

　ハラスメントの起こっている会社では、さまざまな不祥事や不正などが起こっていることもありますから、そちらのことが書き込まれるかもしれません。不祥事や不正についての情報が書き込まれると、会社にとって衝撃的なほどレピュテーションが下がる可能性があります。

　また、会社の秘密や顧客情報などが外部に流出してしまう恐れもないとは言えません。恨みを持った人が何を書き込むかは予想できません。

　日本人はスパイ活動に対する認識が甘いと指摘されていますが、企業の重要情報も諸外国から狙われているとされています。スパイが目を付けるのは、「恨みを持っている人」、「借金を抱えている人」、「精神的に不調の人」と言われています。ハラスメントを受けている人は、上司や会社に対して恨みを持っていることがあり、精神的にも不安定になっていることが多いですから、条件に当てはまってしまいます。

　SNSに情報が流れたり、他の企業に情報が流れたりすることも、ハラスメントが生み出す大きなリスクの1つです。

パワハラが起こると「情報」が上がってこなくなる

　経営者や管理職には、「経営」の観点から伝えるのが一番伝わりやすいかもしれません。

　経営の観点から言うと、

　「パワハラをすると、情報が上がってこなくなる」

　ということが、最大の問題だろうと思います。

　この現象を一番わかりやすく述べているのが、ノーベル経済学賞受賞者のハーバート・サイモンの言葉です。

> そのニュースによって上司が「怒る」とわかるときは、
> そのニュースはおそらく抑えられる。
>
> （サイモン著『経営行動』より）

　部下は、パワハラ的な上司には、怒られそうな情報は伝えることができません。「うまくいきました」「目標を達成しました」という、良い情報は報告できますが、「目標を達成できませんでした」「問題が起こりました」「失敗しました」「ミスをしました」という怒られそうな情報は、怖くて伝えることができなくなります。隠すつもりはなくても、言えなくなるかもしれません。

　悩んだ末に、「怒られてもよい」と覚悟を決めたときにようやく言えるのであり、情報が報告されるタイミングはかなり遅くなります。

　パワハラをすると、情報がタイムリーに上がってこなくなるということです。

怖い上司のところに上がってくる情報は「良い情報」ばかりで、「悪い情報（リスク情報）」がまったく上がってこなくなるか、かなり遅れたタイミングで上がってきます。

　上司の重要な仕事は、状況判断や意思決定です。判断には「判断のための情報」が必要ですが、上司は自分ですべての情報を集めることができるわけではありません。立場が上に行けば行くほど、部下から上がってきた情報をもとに、判断をすることになります。

　部下から「良い情報」ばかり報告され、「リスク情報」が報告されなければ、どんなにすぐれた判断力の持ち主でも、判断を誤ってしまいます。また、部下からの報告が遅れれば、タイムリーな判断ができなくなります。

　サイモンは、「組織における意思決定プロセス」の分野でノーベル経済学賞を受賞した人ですが、組織における意思決定を**図表4-6**のようなプロセスと捉えました。

◆図表4-6　意思決定のプロセス

（出典：サイモン著『意思決定の科学』をもとに作成）

意思決定というと、「チョイス（選択）」ばかりが注目されますが、サイモンは、チョイスは最終段階にすぎず、重要なのはインテリジェンス（情報収集）の部分と考えていました。だからこそ、あえて軍事用語で諜報活動を意味する「インテリジェンス」という言葉が使われています。

　意思決定においては、情報収集活動が非常に重要だということです。特に、組織における意思決定は、部下たちが情報を集めてくることで成り立っているものです。20〜30人くらいの会社であれば、社長が全部の情報を自分で集めることができるかもしれませんが、それ以上に大きくなると、部下からの報告によって情報を集めるしかなくなります。だからこそ、部下から情報が入ってくる状態にしておくことがきわめて重要になります。

　十分に情報を持った上での意思決定は、「インフォームド・ディシジョン（informed decision）」と呼ばれ、リーダーにとって一番重要なこととされています。

　組織は階層構造になっています。中間層にパワハラ的な人がいると、その人に情報が伝わらなくなり、さらに上の人にも伝わらなくなります（**図表4-7**）。

　例えば、営業課長がパワハラ的な人だったとします。

　商品を売れなかった部下が「うちの商品は、お客さんのニーズと合っていないのかもしれません」と言おうものなら、「ふざけるな！　言い訳するんじゃない！　もう一度行って売ってこい。売れるまで帰ってくるな」などと、怒鳴り付けられます。部下のほうは、「課長に言っても怒られるだけだ」と思って、二度と顧客のニーズについての情報を課長に伝えなくなります。

　課長に顧客情報が伝わらなくなりますから、その上の部長にも、社長にも伝わりません。

◆図表4-7 「パワハラのある会社」と「風通しの良い会社」

パワハラのある会社

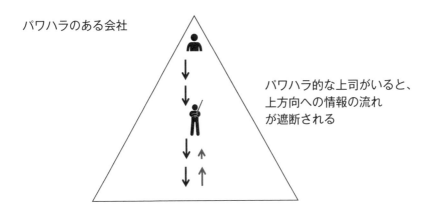

パワハラ的な上司がいると、
上方向への情報の流れ
が遮断される

風通しの良い会社

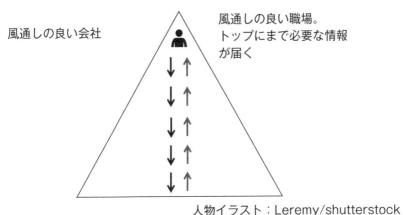

風通しの良い職場。
トップにまで必要な情報
が届く

人物イラスト：Leremy/shutterstock

経営者の中には、「数字、数字」と言う人もいますが、経営者にとって一番重要な情報は、「数字」そのものではなく、「数字の意味」を判断できる情報です。

　例えば、先月の売上げが1億円で今月の売上げが1億2,000万円になったとすれば、数字的には非常によいことです。しかし、数字の意味を読みとらないと、経営判断を誤ることがあります。

　お客さんが喜んで買ってくれて、1億円が1億2,000万円に伸びたのであれば、今後も売れ続ける可能性があります。「増産しよう」「工場を増設しよう」という判断につながるかもしれません。

　しかし、お客さんに対して、営業担当者が押し売りのように売り込んでいて、本当はお客さんの望んでいる商品ではないけれども、1億円が1億2,000万円に伸びたのだとしたら、どうでしょうか。「売上げが伸びているから、増産をしよう」「工場を増設しよう」という経営判断をした場合は、大きな誤りとなる可能性があります。在庫の山を抱えたり、場合によっては工場増設の借金で会社が立ち行かなくなったりするかもしれません。

　数字を額面だけで見ていて、数字の意味を読み誤ると、経営判断を間違えてしまうことがあります。

　部下から、「良い情報」も「悪い情報」も入ってきて、数字の意味を判断できる状態になっていることが、経営にとっては重要です。つまり、下から上に情報が上がってくる風通しの良い組織にしておく必要があるということです。

　パワハラというのは、それを阻害する要因です。風通しが悪くなり、情報の流れが遮断され、必要な情報がトップまで上がらなくなります。

　現代社会においては、「情報」が非常に重要とされています。データエコノミーと言われる社会で、情報の価値はますます上がってい

ます。数値情報、デジタル情報は手元の端末やスマホでいくらでも入手できるでしょうが、リアルな情報や、ニュアンスについての情報は、人から人を通して上がってくるものです。数字の意味の判断につながるのは、そうした周辺情報です。

　パワハラを防止することは、組織内で重要な情報が流れやすくすることであり、組織全体が「情報に強くなる」ことです。決してムダな取組みではなく、むしろ、利益につながる、かなり戦略的な取組みと筆者は考えています。

　パワハラ的な職場では、部下たちはものを言えなくなります。ものを言えない状態では、アイデアなどの提案もされないかもしれません。

　社員がアイデアを言い合い、自由に発想を提案できる職場でなければ、新しいものを生み出すイノベーションの風土は生まれません。「単なる思い付きだし、こんなことを言ったら、笑われるかな」と思うようなことでも、言いやすい職場にしていくことで、次々とみんながアイデアを出せるようになります。

　イノベーションのためにも、パワハラの起こりにくい、ものを言いやすい職場にしていくことは重要ではないでしょうか。

　シリコンバレーの発祥とも言われるヒューレット・パッカード社（HP）は、創業者のデービッド・パッカード氏の意向で、ともかく下から上に情報が流れることを重視していました。そういう風土づくりをしていたからこそ、みんながアイデアを出し合って、イノベーションが生まれました。その風土はシリコンバレー全体に広がっていきました。

　「下から上へ」情報が流れる風土は、経営上、非常に重要だと考えられます。

パワハラはものを言えない職場で起こりやすい

パワハラの職場要因を見てみましょう。

図表4-8のように、パワハラが生じている職場は、コミュニケーションに課題があることがわかります。

一番パワハラが起こりやすいのは、「悩み、不満、問題と感じたことを上司に伝えやすいか（いいえ）」という職場です。つまり、部下から上司に対してコミュニケーションをとりにくい職場です。

裏を返せば、上司から部下への一方通行のコミュニケーションになっているということ。そういう職場で、パワハラが起こっていることが読み取れます。

パワハラが起こると、ますますコミュニケーションが減り、上司に話しかけにくくなります。

図表4-9は、パワハラを繰り返し受けることによって、コミュニケーションがどう変化したかを調べたグラフです。

パワハラを繰り返し受けると、「コミュニケーションが減った」という割合がどんどん高くなっています。パワハラを受けているのは主に部下と考えられますから、部下から上司に向かうコミュニケーションが減っていることを表しています。

パワハラは部下から上司にものを言いにくい状況で起こっており、パワハラを受けるとますます言えなくなる。情報の側面から言えば、パワハラによって、ますます情報が上司に上がっていかなくなることを意味しています。

◆図表4-8　パワハラが起こりやすい職場の要因

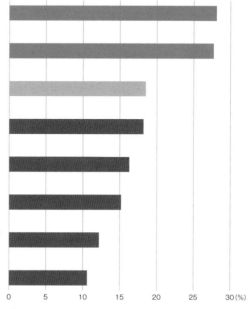

（「パワハラを受けた・見た・相談された」から
「パワハラを受けても、見ても、相談されてもいない」を
引いた割合）

1. 悩み、不満、問題と感じたことを
　上司に伝えやすいか（いいえ）

2. 悩み、不満、問題と感じたことを
　会社に伝えやすいか（いいえ）

3. 上司と部下のコミュニケーション
　が少ない（はい）

4. 残業が多い／休みが取り難い
　（はい）

5. 失敗が許されない／失敗への
　許容度が低い（はい）

6. 同僚同士のコミュニケーションが
　円滑であるか（いいえ）

7. 仕事以外のことを相談できる同僚
　がいるか（いいえ）

8. 業績が低下／低調である（はい）

（出典：厚生労働省　2016年度パワハラ実態調査）

◆図表4-9　パワハラを受けてコミュニケーションが減少した割合

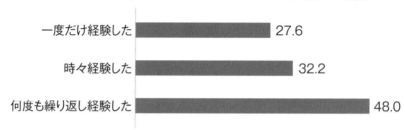

一度だけ経験した　27.6

時々経験した　32.2

何度も繰り返し経験した　48.0

（出典：厚生労働省　2016年度パワハラ実態調査）

パワハラ対策の管理職にとっての メリットは？

　パワハラ対策を実施すると、どんな効果（従業員の感じる効果）があるのでしょうか。

　図表4-10は、各項目について、「改善した」という数値から「悪化した」という数値を引いたグラフです。これを見ると、パワハラ対策による最も大きな効果は、上司／部下とのコミュニケーション（話しやすさ、接しやすさ）が改善することだとわかります。

　ただ、このデータからは上司側の話しやすさが改善されたのか、部下側の話しやすさが改善されたのかがわかりません。年代別に分解したのが、**図表4-11**です。

　図表4-11を見ると、20歳代、30歳代の「上司／部下とのコミュニケーション」が改善されています。これは、部下である20歳代、30歳代から上司に対しての話しやすさ、接しやすさが改善されたと推測できます。つまり、パワハラ対策によって、部下が上司と話しやすくなり、コミュニケーションをとりやすくなったのです。

　コミュニケーションというのは、情報伝達を意味しています。**図表4-11**のデータは、20歳代から上司に入ってくる情報が9.6％増える可能性を示しています。30歳代からは4.8％多くの情報が入るようになります。わずかな増加に見えますが、今まで言えなかった微妙な情報の中に、重要な情報が含まれている可能性があります。

　パワハラ対策は上司には何のメリットもないように思われがちですが、パワハラ対策をすると、部下から入ってくる情報が増えます。「5〜10％情報量が増える」のは、上司にとって大きなメリットではないでしょうか。

◆図表4-10　パワハラ対策の効果

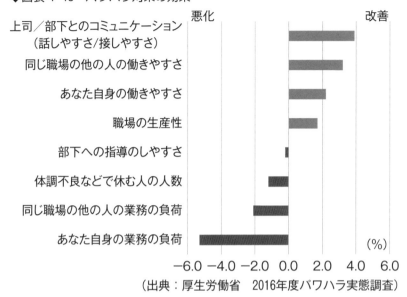

（出典：厚生労働省　2016年度パワハラ実態調査）

◆図表4-11　パワハラ対策の効果（上司／部下とのコミュニケーション）

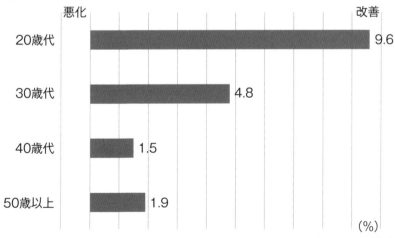

（出典：厚生労働省　2016年度パワハラ実態調査）

「より良いマネジメント」を
考えるだけでよい

　パワハラに該当するか、しないかは、明確な線引きがあるわけではなく、グラデーションの連続相の中で捉えるものと考えられています。明確な一線はないものの、あるところ付近を超えてしまうと、パワハラと判断されます。

　典型的な事例や悪質な事例以外は、線引きは非常に難しいのが実情です。複数の裁判官がいれば、意見が分かれるケースもあるはずです。

　では、明確な線引きがないから対応できないのかというと、そうではありません。重要なことは、どの位置にいようと、言動をエスカレートさせないこと。「より良いマネジメント」になるように改善をしていくことです。

◆図表4-12　パワハラの明確な境界線はない

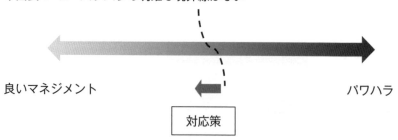

良いマネジメント　　　　　　　　　　　　　　　　パワハラ

対応策

　図表4-12で言えば、「左向きのベクトル」をつくることが対応策です。

　仮にアウトに近いグレーゾーンにいたとしても、左向きの矢印に

なっていれば、改善の方向に向かっているということです。改善の姿勢を示している人には、情状酌量の余地などが生まれます。

　逆に言うと、今は、セーフゾーンにいても、悪化の方向に矢印が向いているのであれば、パワハラ防止の対応ができていないことになります。懲戒処分には値しなくても、上司が矯正指導をしていく必要のある状態です。

　線引きそのものが曖昧ですから、「パワハラかどうか」にこだわってもあまり生産的ではありません。良い方向に向かうことに意識を向けることが大切です。

　「今、どの位置にいるか」という現在地ではなく、「どちらの方向に向かっているか」という努力の方向性がより重要です。

　良いマネジメントに近づけるためには、「より良いマネジメントはないか？」と考えてみることです。

　今の方法がベストのマネジメントなのか。今よりもっと良いマネジメント法はないのか。それを考えて実行していけば、パワハラのことをそれほど意識しなくてもよくなります。

　「良い言動」と「悪い言動」は、トレードオフの関係です。人間に与えられた時間は限られていますから、「良い言動」を増やしていけば、必然的に「悪い言動」をする時間が減っていきます。「パワハラ的言動を減らそう」としなくても、「より良いマネジメントを増やしていこう」とすれば、結果的に、パワハラ的言動を減少させることができます。

　ポジティブな考え方のほうが管理職には受け入れてもらいやすいですから、筆者の場合は、研修では、「より良いマネジメントを増やしていくこと」をおすすめしています。

パワハラ対策の全体像と相場観をつかんでおく

　パワハラ対策の全体像をつかんでおくと、研修の位置付けが明確になります。

　また、全体像を見据えて、ある程度の相場観を持っておくことも重要です。相場観を持っていないと、「うちの会社はパワハラが多いのか少ないのか」、「うちの会社は相談件数が多いのか少ないのか」といったことがわからなくなります。「どんな対策をすればよいのか」、「どんな研修が必要なのか」ということも見えてきません。ウエイトの置き方がよくわからない中で研修をすることになってしまいます。

　ある程度の相場観を持ち、相場と比較しながら進めていくと、対策がしやすくなるはずです。

　図表4-13は、会社の窓口にどのくらいの件数の相談があるかというデータです。厚生労働省のパワハラ実態調査では、企業規模別に過去3年間に何件の相談があったかを調べています。これを加重平均したものが下記のデータです。

◆図表4-13　窓口相談件数（加重平均）

	3年間の相談件数	1年当たり
99人以下	1.0件	0.3件
100〜299人	1.8件	0.6件
300〜999人	3.0件	1.0件
1,000人以上	11.6件	3.9件

（出典：厚生労働省　2016年度パワハラ実態調査）

図表4-13の企業規模300人〜999人のところを見ますと、相談件数は3年間で約3件。1年当たりにすると1件です。

　ざっくりと言えば、300人くらいの従業員数の会社であれば、年間1件、窓口に相談があるということです。2020年6月から相談窓口設置の措置義務が課されたのは、301人以上の企業です（業種によって異なり、卸売業・サービス業は101人以上、小売業は51人以上。資本金規模にもよる。それ以外の企業は、2022年4月から義務化）。

　措置義務が課された301人以上の企業においては、だいたい年間1件は窓口に相談が来るということです。必ず1件は相談があると予想されますから、相談窓口設置が義務化されたのは、ある意味で当然のことと言えます。

　非常におおざっぱな相場観ですが、目安として「300人当たり年1件の相談」と考えておくとよいでしょう。それより、多いか少ないかで、自分の会社の相談件数を判断してみてください。

　ここで1つ課題が出てきます。

　300人の会社で、年間1件の相談があるのですが、見方を変えれば、1件しか相談がないということ。年間1件の相談を受けるために、専任の相談担当者を置くことはまず無理です。相談担当者は、他の業務を兼務しながら、相談に対応することになるでしょう。

　年間1件の相談では、経験値も上がっていきません。相談担当者のスキルは伸びていかず、相談に対して適切な対応ができず、問題をこじらせてしまう可能性もあります。

　適切な対応ができるように、相談担当者には研修が必要とされています。しかし、年間1件の相談のために、コストを掛けられるのかという問題もあります。専門性の高い研修は、高額になることもあり、大手企業ならともかく、中小企業にとっては頭の痛い問題です。

それならば、どうしたらよいのでしょうか。

　窓口対応に不安を抱えているのであれば、やはり未然防止に力を入れるしかありません。発生件数が減れば、窓口に相談が来る可能性も減ってきます。

　では、パワハラはどのくらい発生しているのでしょうか。

　窓口に１件相談があるとすれば、その30倍くらいは、パワハラあるいはパワハラ予備軍が発生していると考えられます。この数字は、前述の厚生労働省のパワハラ実態調査に基づいたものです。

　同実態調査では、過去３年間にパワハラを受けたと感じたことのある人を調査しています。それによれば、パワハラを受けたと感じている人の割合は、32.5％です。１年当たりにするために３で割ると、約10％。300人の会社であれば、年当たり30人くらいはパワハラを受けたと感じていることになります。

　30人がパワハラを受けたと感じているけれども、窓口に相談するのは、そのうちの１人だけで、残りの29人は窓口には相談しないようです。「相談しても、どうせ会社は何もしてくれない」「相談なんかしたら、報復される」「過剰反応だと思われたくない」「窓口の存在を知らない」「相談しにくい」など、さまざまな理由がありますが、相談しない人が多数派です。

　相談しない人がたくさんいるのは、会社にとっては、いつ発現してもおかしくないリスクを数多く抱えているということです。

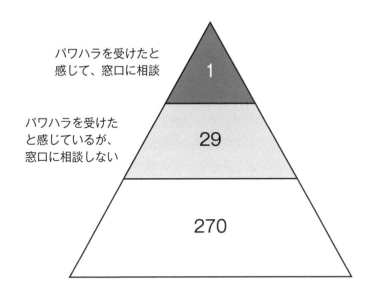

パワハラ発生件数の全体像を図にしてみると、**図表4-14**のように なります。

300人で想定してみると、窓口へパワハラの相談する人が1人、パワ ハラを受けたけれども相談をしない人が29人、残りの人が270人です。

この図は、産業事故や労働災害での経験則とされる「ハインリッ ヒの法則（1：29：300)」と似ています。パワハラも労働災害認定 されることがありますから、ハインリッヒの法則と似ていても不思 議ではないのかもしれません。

ハインリッヒの法則の場合は、一番上の1は重大事故、真ん中の 29は軽微な事故、一番下は270ではなく300ですが、危うく事故にな りそうだったニアミスなど、いわゆる「ヒヤリ・ハット事例」です。

ハインリッヒの法則に基づく考え方は、とても参考になります。 重大な事故（1）を直接防ぐのは簡単ではありませんので、軽微な

事故（29）を減らそうとします。軽微な事故を減らすには、ヒヤリ・ハット事例（300）を減らしていくという考え方です。

　パワハラ防止も同じ考え方を取り入れることができます。

　相談窓口担当者は、「どうやって対応したらよいのだろう」と不安を抱えている状態ですから、できれば窓口相談の件数がゼロであってほしいと思っているはずです。窓口での相談（1人）を減らすには、窓口には相談しないけれどもパワハラを受けたと感じている人（29人）を減らしていくことです。この数字が28人、25人、20人、15人と減っていけば、窓口への相談が発生しない可能性があります。29人を減らすために必要な対応が、「管理職向けパワハラ研修」、「一般社員向けパワハラ研修」です。

　ただし、パワハラ研修のみで、29人を減らすのはそう簡単ではないかもしれません。

　そこで、もう少し日常的なところまで範囲を広げて、270人の中で発生するミスコミュニケーションを減らしていく対応法があります。コミュニケーションの「ヒヤリ・ハット事例」を減らしていくという考え方です。

　具体的な対応策としては、「コミュニケーション研修」が該当します。

　パワハラの場合は、背景にコミュニケーションの問題があると分析されており、コミュニケーション研修はかなり有効です。

　整理してみますと、対応策としては、
①　相談窓口設置
②　管理職研修、一般社員研修
③　コミュニケーション研修
の主に3つの対応策があります。

厚生労働省のデータで確認してみますと、企業が実際に行っている対応策で効果を感じている取組みは、

　　１位　管理職研修　　74.2%
　　２位　一般社員研修　69.6%
　　３位　相談窓口設置　60.6%

の順となっています。

　取組みの際には、時間軸の相場観も重要です。取組み年数別に効果を示したのが**図表4-15**です。

◆図表4-15　パワハラ対策の効果（取組み年数別推計）

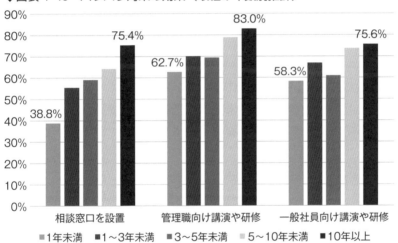

（出典：厚生労働省　2016年度パワハラ実態調査）

　相談窓口設置の場合は、１年未満の取組みで効果を感じている企業は38.8%で、半数にも満たない状況です。しかし、取組み年数が増えていくと、効果を感じられるようになり、10年以上窓口を設置している企業では、75.4%が効果を実感しています。

　窓口設置は、１年目から効果を感じられるほどの即効性はないけ

れども、年数を重ねるとかなり効果を感じられるようになる取組みと言えます。窓口設置の効果が出るまでには、3〜5年くらいはかかると見ておいたほうがよいでしょう。

　それに対して、管理職研修は、1年未満の取組みで62.7%の企業が効果を感じています。窓口設置に比べると、即効性が高いと言えます。一般社員研修も1年未満の取組みで、58.3%の企業が効果を感じています。

　パワハラ対策は、効果が出るまでに時間がかかるものもありますから、中長期的に取り組むことが必要です。とはいえ、今は人事部門にも即効性が求められています。できるだけ早く結果を出さないと、経営者から「効果がない」とみなされて、取組み自体がしぼんでいく恐れがあります。

　そこで、即効性のある対策を探るために、「1年未満の取組みで効果を感じた対策」をグラフ化したのが**図表4-16**です。

　図表4-16を見ると、1年未満の取組みで最も効果を感じているのは「再発防止の事案分析、検討」70.6%となっています。

◆図表4-16　1年未満の取組みで効果を感じた対策（推計）

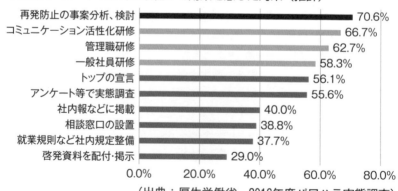

（出典：厚生労働省　2016年度パワハラ実態調査）

再発防止に取り組んでいるわけですから、その企業ではパワハラ事案が発生しているということでしょう。パワハラ事案が発生しているのであれば、事案をきちんと分析し検討することが、最も高い効果を生むようです。

　パワハラ対策においては、ケーススタディとして裁判例などの事例研究が行われたりしますが、それらはあくまでも「他社事例」です。もし、自社で事案が発生しているのであれば、「自社事例」を徹底的に研究することが、その企業にとって最も効果のある取組みになるということです。

　本書でも巻末にケースをいくつか掲載していますが、それらは、あくまでも「他社事例」です。自社でパワハラ事例が発生しているのであれば、「自社事例」を優先してください。

　1年未満の取組みで効果を感じた対策の2位〜4位は、研修です。2位には、「コミュニケーション活性化研修」が来ており、3位の「管理職研修」、4位の「一般社員研修」よりも、即効性があることが示されています。

　パワハラの根本要因であるコミュニケーションについて研修をすると、効果が高いということです。

　これにはいくつかの理由があると考えられます。管理職研修の場合は、「これも、やってはダメ」「これも、やってはダメ」というNG集のようなパワハラ研修もありますから、管理職は耳をふさぎたくなり、聞きたくないかもしれません。管理職が聞いてくれなければ、研修効果は上がりません。

　コミュニケーションについては、関心を持っている管理職もけっこういます。世代の違う部下とのコミュニケーションで悩んでいる管理職は少なくありませんから、関心を持って聞いてもらえることが多いようです。

コミュニケーション研修の即効性が高いのは、コミュニケーションに対する関心が高いことが一因ではないかと思われます。また、コミュニケーションの向上は、パワハラ防止だけでなく、業務にも良い効果をもたらすため、高い効果を感じている企業が多いのかもしれません。

では、実際に研修はどのくらい行われているのでしょうか。

企業規模別の研修実施率を見たのが**図表4-17**です。

◆図表4-17　研修実施率

	管理職研修	一般社員研修	コミュニケーション研修
99人以下	11%	8%	5%
100〜299人	31%	21%	10%
300〜999人	46%	28%	15%
1,000人以上	73%	50%	29%

（出典：厚生労働省　2016年度パワハラ実態調査）

　図表4-17を見ると、1,000人以上の大手企業では、2016年度時点で、7割以上の企業が管理職向けパワハラ研修を実施済みです。一方、規模の小さい企業の場合は、手付かずのところが多いことがわかります。

　一般社員研修の実施率は、1,000人以上の企業でも50%。これは研修実施率であり、実際にどのくらいの従業員がパワハラ研修を受けたかという数字とは違います。労働者側の調査で実際に研修を受けた人の割合を調べてみると、1,000人以上の企業でも、22%で、8割近い人はパワハラ研修を受けていないという結果が出ています。

　小規模企業も含めた全体で見ると、9割の人はパワハラ研修を受けていません。今後は、一般社員研修が課題と言えそうです。

一般社員研修もパワハラ防止においては非常に重要です。パワハラ問題は、全員が同じ情報を共有することが大事だからです。パワハラの解釈については、世代間ギャップが大きく、上の世代の人はパワハラを縮小解釈する傾向があり、下の世代の人は拡大解釈する傾向があります。同じ情報に基づいて判断しないと、ギャップは埋まっていきません。

　下の世代の人には、上司から厳しく指導されることが必ずしもパワハラに該当するわけではないと理解してもらう必要があります。上の世代の人には、指導をしているつもりでもパワハラに該当しているケースが少なくないことを理解してもらわなければなりません。同じ情報に基づいて理解してもらうことが必要です。

　また、一般社員研修で、ハラスメントを受けたときの相談法について伝えておくことも重要です。

　早い段階で相談をしてもらえば、被害の深刻化を防ぐことができます。早い段階であれば、行為者に対して、懲戒処分ではなく、改善指導をすることで解決する場合もあります。早期の相談は、被害が深刻化しないことで被害者を救い、懲戒処分されないことで行為者を救い、重大事案が予防されることで会社をも救います。

　早期の相談は、パワハラ防止の重要要素です。そういう点でも、一般社員研修はとても重要です。

　パワハラ研修は、残念なことですが、世代間の価値観の対立を表面化させてしまう恐れもあります。それを避けるために、コミュニケーション研修から始めるのも１つの方法です。パワハラ対策を組織全体の「コミュニケーション戦略」の一環として位置づけたほうが、上の人にも下の人にも受け入れてもらいやすいかもしれません。

「パワハラのトライアングル」を意識した研修デザインも

　研修担当者は、3つのアプローチ法があることを知っておくとよいでしょう。

　パワハラと類似した概念として、トキシック・リーダーシップ（toxic leadership：有毒リーダーシップ）というものがあります。部下に暴言を吐いたり、部下をいじめたりするもので、概念としてはパワハラとほぼ同じです。

　トキシック・リーダーシップの理論の1つに「トキシック・トライアングル」という考え方があります。これは「パワハラのトライアングル」と捉えることもできます。図表4-18のように、トライアングルを構成するのは、リーダー（行為者）、フォロワー（被害者）、クライメート（環境）の3者です。

◆図表4-18　パワハラのトライアングル

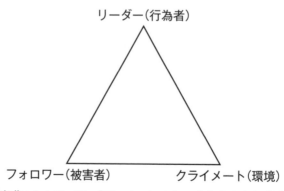

リーダー（行為者）

フォロワー（被害者）　　　クライメート（環境）
（出典：Art Padilla "The toxic triangle" をもとに作成）

研修のアプローチは、トライアングルに対応して３つあります。

１つめは、行為者を生まないためのアプローチ。管理職研修など、リーダー層へのアプローチです。

２つめは、被害の深刻化を防ぐアプローチです。一般社員研修をして、フォロワー層に対して「相談先」や「相談の仕方」を伝え、早めの相談をしてもらうことを促すものです。

３つめは、職場環境を改善していくための研修で、幹部研修、管理職研修、一般社員研修のすべてが該当します。

この３つのうち、防止のカギを握っているのは、実は「職場環境」へのアプローチと考えられています。

人間が何人か集まると、必ず、パワハラ的なことや、いじめ的なことをする人が現れます。どんな人間集団にも小さなトラブルの芽はあります。そのトラブルの芽が本格的なトラブルに発展するかどうかは、周囲の環境が大きく関係します。

周囲の人たちが不適切な言動を容認してしまうと、行為はエスカレートして、被害が拡大していきます。「見て見ぬふり」をすることで、行為者の不適切な言動を促進させてしまいます。

逆に、周囲の人たちが、「それはまずいよ」「ダメだよ」という雰囲気を作り出していると、行為者がその環境に居づらくなります。自分が孤立しかねないため、言動が抑制されるというわけです。

行為者が人事権を握っている部長であったとしても、課長クラスの人や一般社員が「部長のあの行為はまずいんじゃないか」「人事に通報したほうがいいかな」という雰囲気を作り出していれば、不適切な行為を続けにくくなります。権限を持った人の言動を変えてもらうのは簡単なことではありませんが、周囲の雰囲気は、唯一、抑止力となり得る存在です。一般社員も含めた多くの人に研修をしたほうがよい理由はここにあります。

社内ルールの確認は研修に必ず入れる

　ハラスメント研修では、自社の就業規則のハラスメント関係の
ルールについて説明することは必須です。

　ここでは、厚生労働省のモデル就業規則を例に見ていきます。モ
デル就業規則では、パワハラの定義を法律上の定義と同じにしてい
ます。パワハラの定義については、法律で説明することもできます
が、法律と同じ定義にしているのであれば、就業規則を使ってパワ
ハラの定義を説明する方法もあります。

　モデル就業規則のパワハラ禁止規定（第12条）を簡単に言うと「他
の人の就業環境を害してはいけない」ということ。ハラスメントで
あれ何であれ、他の人の働く環境を害することはダメですよ、とい
うルールです。

　こういった禁止規定はポジティブな言葉に翻訳して伝えてあげた
ほうが受け入れてもらいやすくなります。「自分だけでなく、他の人
も働きやすい環境になるように努めるのがすべての社員の責務で
す」と伝えてもよいかもしれません。

　遵守事項の説明も重要です。明確なパワハラには該当しなくて
も、「会社の名誉や信用を損なう行為」や「労働者としてふさわしく
ない行為」に該当する場合には、懲戒対象です。

　言い換えれば、パワハラの認定がされなくても、明らかに不適切
な言動があれば、懲戒処分されることがあり得るということ。

　例えば、部下に対する暴言がレコーダーに録音されていたとしま
しょう。1回限りのことであれば、総合的に見て「パワハラとまで

は言えない」と判断されるかもしれません。

しかし、暴言そのものが「労働者としてふさわしくない行為」に該当するとすれば、処分されることもあり得るわけです。

パワハラの境界線にこだわる人は、「パワハラと認定されなければ処分されない」と考えているかもしれませんが、パワハラの境界線を踏み越えなくても、処分はあり得るのです。その点は十分に認識しておいてもらう必要があります。「不適切な言動」自体が処分対象です。

会社の幹部社員の場合は、不適切な言動が「信用失墜行為」と判断されることがあります。幹部社員はいわば会社の顔です。その人が、ハラスメント的な不適切な行為をすれば、会社の名誉や信用を傷付けたとみなされても、おかしくはありません。

＜モデル就業規則（平成31年３月版より）＞

（服　　務）

第10条　労働者は、職務上の責任を自覚し、誠実に職務を遂行するとともに、会社の指示命令に従い、職務能率の向上及び職場秩序の維持に努めなければならない。

（遵守事項）

第11条　労働者は、以下の事項を守らなければならない。

④　会社の名誉や信用を損なう行為をしないこと。

⑦　その他労働者としてふさわしくない行為をしないこと。

（職場のパワーハラスメントの禁止）

第12条　職務上の地位や人間関係などの職場内の優越的な関係を背景とした、業務上必要かつ相当な範囲を超えた言動により、他の労働者の就業環境を害するようなことをしてはならない。

（懲戒の事由）

第66条　労働者が次のいずれかに該当するときは、情状に応じ、けん責、減給又は出勤停止とする。

④　素行不良で社内の秩序及び風紀を乱したとき。

⑤　第11条、第12条、第13条、第14条、第15条に違反したとき。

⑥　その他この規則に違反し又は前各号に準ずる不都合な行為があったとき。

2　労働者が次のいずれかに該当するときは、懲戒解雇とする。ただし、平素の服務態度その他情状によっては、第51条に定める普通解雇、前条に定める減給又は出勤停止とすることがある。

⑦　素行不良で著しく社内の秩序又は風紀を乱したとき。

⑧　数回にわたり懲戒を受けたにもかかわらず、なお、勤務態度等に関し、改善の見込みがないとき。

⑨　第12条、第13条、第14条、第15条に違反し、その情状が悪質と認められるとき。

　すべての社員にはパワハラをしてはいけないという「責務」がありますが、業務を遂行する「責務」もあります。それを確認するために、服務規定の内容（モデル就業規則では第10条）を伝えておくことも重要です。モデル就業規則第10条には、

　・職務上の責任を自覚すること（努めること）。
　・誠実に職務を遂行すること（努めること）。
　・会社の指示命令に従うこと（努めること）。
　・職務能率の向上に努めること。
　・職場秩序の維持に努めること。
と記されています。

これは全社員が守らなければいけないルールです。

遅刻を繰り返したり、自分勝手に仕事を進めてチームワークを乱したりすることは、就業規則上の「職場秩序の維持に努める」ことに違反していると言えます。こういう状況で上司が注意し、指導をするのは当然です。

部下の中には、「不快に感じたものはすべてハラスメントだ」と誤解している人がいるかもしれませんが、すべてがハラスメントに該当するわけではないことも、研修の際にきちんと伝えておく必要があります。

パワハラ防止指針には「客観的にみて、業務上必要かつ相当な範囲で行われる適正な業務指示や指導については、職場におけるパワーハラスメントには該当しない」と記載されています。

さらに、同指針には、「労働者が、こうした適正な業務指示や指導を踏まえて真摯に業務を遂行する意識を持つことも重要である」とも書かれています。

「真摯に業務を遂行する意識を持つこと」については、モデル就業規則の中にも、「誠実に職務を遂行すること（努めること）」が社員の「責務」であると記されています。

また、「会社の指示命令に従うこと（努めること）」も社員の「責務」です。部下は上司に対して不満があったとしても、命令が正当なものであれば、会社の指示命令に従う必要があります。

こうした就業規則の内容については、口頭で説明するだけでは受講者の頭の中を素通りしてしまう可能性がありますから、「テスト」を作って、受講者自身の頭で考えてもらうのもよいでしょう。自分の頭で考えたことについては、記憶に残りやすくなります（174ページ参照）。

「監督責任」の研修がパワハラ防止のカギを握る

　パワハラ行為は、行為者本人の問題もありますが、行為者の上司が監督責任を果たしていないという重大な問題が隠れています。行為者の上司が、部下にパワハラを行わせないように指導監督責任を果たすことがパワハラ防止のカギを握っています。

　セクハラと比較するとわかりやすいかもしれません。

　セクハラの場合は、行為者の上司の監督責任を問うのは、難しい面があります。セクハラは、行為者と被害者が終業後に2人で飲みに行ったときに行われることもあり、そのときの言動を行為者の上司が認知することは不可能です。また、プライバシーに関わることであり、本人たちが隠していることもあります。行為者の上司が「部下がセクハラをしている」と気付くのはかなり困難です。

　一方、パワハラの場合は、通常は職場内で行われています。しかも、ひどいパワハラの場合は、1か月も2か月も行為者からの暴言が繰り返されることがあります。職場内で1か月間も続いているパワハラ的な言動を、行為者の上司が認知できていないようでは、上司としての監督責任を果たしているとは言えません。

　仮に、行為者が課長であり、その課は独立した部屋を持っていて、課長がその部屋のボスだったとしましょう。行為者の上司である部長は離れたオフィスにいて、日常的に課長の言動を見ることはできないかもしれません。しかし、部長が課長の監督責任者であることにかわりはありません。同じ部屋にいないとしても、監督責任者として、課長の言動を認知する責任があります。

　日頃から、課長のいる職場を巡回して、部下たちの話を聞くとか、

課長の言動についての情報が誰かから入ってくるようにしておくとか、何らかの形で認知しなければなりません。それが監督責任者の職責です。

この点を幹部研修、管理職研修において、明確に認識してもらう必要があります。

課長のパワハラを止めさせる責任を負っているのは、部長です。課長本人にも責任はありますが、部長にも監督責任があります。こうしたことを明確にするため、筆者は、就業規則に「監督責任条項」を入れることをお勧めしています。

ちなみに、国家公務員を対象とした人事院規則においては、「懲戒処分の指針（標準例)」の中に、

＜懲戒処分の指針について（人事院)＞

> **5　監督責任関係**
> (1)　指導監督不適正
> 　　部下職員が懲戒処分を受ける等した場合で、管理監督者としての指導監督に適正を欠いていた職員は、減給又は戒告とする。
> (2)　非行の隠ぺい、黙認
> 　　部下職員の非違行為を知得したにもかかわらず、その事実を隠ぺいし、又は黙認した職員は、停職又は減給とする。

と明記されています。

部下がパワハラ行為で懲戒処分を受けるときには、その上司である管理監督者も、「指導監督不適正」として懲戒処分を受ける可能性があります。

また、部下のパワハラ行為を黙認したり、かばい立てしたりすることがあれば、「非行の隠ぺい、黙認」として、やはり懲戒処分の対

象となります。

　パワハラ防止は、「行ってはならない」＋「行わせてはならない」の両者です。

　幹部社員、上級管理職の研修をする場合には、パワハラを「行わせてはならない」という点にウエイトを置くことが重要です。

◆図表4-19　セクハラとパワハラの責任

セクハラ	パワハラ
1．行為者の行為責任	1．行為者の行為責任 2．行為者上司の監督責任

（注）セクハラも、行為者上司の監督責任が問われるケースもあり得る。

　窓口に相談が持ち込まれた後の対応プロセスにおいても、パワハラとセクハラは違う点があります。

　パワハラの場合は、行為者への適切な指導監督が行われていたかどうかを確認するために、右ページの**図表4-20**のように「行為者上司のヒアリング」というプロセスが加わります。

　課長がパワハラ行為をしたと申し立てられた場合は、課長は人事に呼び出されてヒアリングを受けますが、監督責任者である部長も呼び出されてヒアリングを受けます。

　ヒアリングの場で、部長が課長の行為をかばうようなことをしてしまうと、「非行の隠ぺい、黙認」と判断されて、処分を受ける可能性もあります。

　幹部の人には、自分の配下の人がパワハラ行為をすると、自分もヒアリングを受けると認識しておいてもらいましょう。そうならないためには、パワハラをさせないように部下を指導し、監督することが必要です。

◆図表4-20　相談対応の流れ

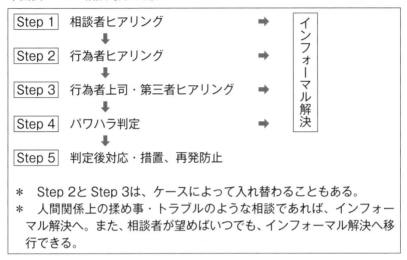

* 　Step 2とStep 3は、ケースによって入れ替わることもある。
* 　人間関係上の揉め事・トラブルのような相談であれば、インフォーマル解決へ。また、相談者が望めばいつでも、インフォーマル解決へ移行できる。

　再発防止においても、行為者上司は責任を負っています。行為者が再びパワハラ行為をしないように指導監督するのが行為者上司の役割です。

　行為者が再びパワハラをしてしまった場合には、重い処分となりますが、同様に、行為者上司も指導監督責任を問われて重い処分となることがあります。

　こうした点を、研修の際にきちんと伝えて、認識してもらう必要があります。

セクシュアルハラスメントとは何か？

　セクシュアルハラスメント（セクハラ）は、「相手の意に反する性的な言動」です。1999年４月から男女雇用機会均等法、人事院規則でルール化されました。

　セクハラに関しては、ルール化後20年以上経っていますので、すでに何度も研修が行われているかもしれませんが、再確認しておくことも必要です。

　セクハラには、「対価型」と「環境型」があります。

　「対価型」は、性的な言動への対応によって、労働条件などで不利益を与えたり、示唆したりするものです。例えば、「性的な誘いを断られたことで、仕事上の不利益を与える」といった言動です。

　「環境型」は、性的な言動によって、就業環境が害されるものを言います。例えば、交際のウワサを流したり、性的冗談を言ったり、肩などをたびたび触ったりして、相手の意に反する言動で、職場で働きにくい状況を生み出すことです。

　ルール化された当初は、セクハラの概念が十分に認知されていないこともあり、行為者に対して口頭注意ですませるケースも多々ありましたが、その後の20年間で、職場や社会での認知が浸透したため、セクハラの行為者には厳しい処分が行われるケースが多くなっています。厳しい処分が行われることについては、研修で伝えておくべきです。

　また、最近の変更点も伝えておく必要があります。

主な変更点は2つです。

① 性的指向又は性自認についてのハラスメントが含まれる

② 社外の人に対するセクハラも防止する必要がある

1つめとして、性的指向又は性自認についてのハラスメントもセクハラに含まれることが明確化されています。いわゆる性的少数者の人に対するハラスメントです。

・「**性的指向**」……恋愛・性愛がいずれの性別を対象とするか

・「**性自認**」　……性別に関する自己認識

・「**LGBT**」……Lesbian（レズビアン、女性同性愛者）、Gay（ゲイ、男性同性愛者）、Bisexual（バイセクシュアル、両性愛者）、Transgender（トランスジェンダー、性別越境者）

性的少数者に対するハラスメントは、もともとセクハラに含まれると解されていましたが、よりはっきりとさせるために、指針に明記されました。

2017年のセクハラ防止指針の改正で、「被害を受けた者の性的指向又は性自認にかかわらず、当該者に対する職場におけるセクシュアルハラスメントも、本指針の対象となるものである」とされています。

民間よりも広範囲に規定されたのが、公務職場です。2017年から施行されたセクハラ防止に関する人事院規則の運用通知に、性的少数者に関する偏見に基づく言動が書き込まれました。

同運用通知では、「性的な言動」とは、「性的な関心や欲求に基づく言動をいい、性別により役割を分担すべきとする意識又は性的指向若しくは性自認に関する偏見に基づく言動も含まれる」と明記されました。

民間向けのセクハラ防止指針は、性的少数者も被害者になり得るという、いわば当たり前のことが書かれているのに対して、公務職場では、「偏見に基づく言動そのもの」がセクハラになり得るとされています。

　具体的に言えば、職場内に性的少数者がいない状況であっても、「まさか、この中にホモはいないだろうな」などと発言することは防止対象の言動になるということです。

　そのような発言をして差別的な職場環境を作り出すと、今後、性的少数者が入ってきたときに、その人にとって働きにくい職場環境となります。未然防止の観点も含めて、性的少数者がいようといまいと、偏見に基づく言動をしてはいけないということになっています。

　なお、2020年から施行されたパワハラ防止指針においても、性的指向・性自認に関するハラスメントが例示されました。

　「人格を否定するような言動を行うこと。相手の性的指向・性自認に関する侮辱的な言動を行うことを含む」

　「労働者の性的指向・性自認や病歴、不妊治療等の機微な個人情報について、当該労働者の了解を得ずに他の労働者に暴露すること」

　これらは、パワハラに該当する例として挙げられています。

　性的指向・性自認に関するハラスメントは、セクハラにもパワハラにも該当し得るものです。

　セクハラについての最近の改正点の２つめは、社外の人に対するセクハラについてです。

　2020年の法改正によって、自社の社員が他社の社員にセクハラをした場合には、調査などの協力を求められたときには、事業主は協力するように努力義務が定められました。

　「御社の社員から、うちの社員がセクハラを受けたと言っていま

す」と言われたら、当該言動があったかどうかを自社社員にヒアリングし、セクハラ行為が認められた場合には、懲戒処分などの厳正な措置をとる必要があります。

こうしたことを未然に防ぐために、研修においては、社外の人に対してもセクハラ行為を行ってはいけないことを周知することが求められています。

近年、就職活動中の女子学生に対してのセクハラ行為が大きな社会問題となりました。セクハラをしてはならない相手には就職活動中の女子学生も含まれます。

女子学生は「労働者」には該当しないと考えられていますが、法律の附帯決議では、就職活動中の学生も対象とするように促され、指針の中でも触れられています。

自社の社員に対してだけでなく、他社の社員、求職者、就職活動中の学生、フリーランス・個人事業主、顧客など、いかなる人に対しても行ってはならない言動であると研修で伝えておく必要があります。

就職活動中の学生に対するセクハラ防止策として、経団連の2020年版『経営労働政策　特別委員会報告』には、次のように記されています。

「OG・OB訪問は、人事部を通して行うことを徹底し、学生や大学などに周知すること、基本的には日中に面談すること、事情により夕方以降になる場合は同性を同席させることなどの対応を講じる必要がある」

マタニティハラスメントとは何か？

　妊娠・出産等に関するハラスメントは、女性の場合はマタニティハラスメント（マタハラ）、男性の場合はパタニティハラスメント（パタハラ）と呼ばれます。

　このほか、育児休業・介護休業に関するハラスメントがありますが、本項では、すべて含めて「マタハラ」と呼ぶことにします。

　マタハラについては、民間職場も、公務職場も2017年1月から、防止が求められることになりました。対象者は、上司、同僚、部下などすべての社員・職員です。

　それまでは、妊娠・出産等をしたことを理由とする「不利益な取扱い」が禁止されていましたが、新たに「就業環境を害する行為」がハラスメントに当たるとして防止対象となりました。

　2017年から法制化された比較的新しい概念であり、まだよく知らない人もいるでしょうから、研修等で伝えておくことが必要です。

　マタハラには2種類あります。

①　状態への嫌がらせ型
②　制度等の利用への嫌がらせ型

　の2つです。

「**状態への嫌がらせ型**」は、妊娠・出産そのものに対して、否定的な言動で嫌がらせをしたり、あるいは、解雇を含めた不利益な取扱いを示唆したりすることです。

　例えば、「こんな忙しい時期に妊娠するなんて何を考えているんだ。迷惑な奴だ」と繰り返し言って、周囲から浮いてしまうような状況に追い込んでしまったり、「妊娠したなら辞めてもらうしかない」と解雇をほのめかしたりすることです。いずれも、妊娠した状態への嫌がらせです。

　「**制度等の利用への嫌がらせ型**」は、育児休業制度、短時間勤務制度、介護休業制度などをとらせない、あるいは、とりにくい状況にする嫌がらせです。

　例えば、育児のために短時間勤務をしている人に対して、「時短なんて、迷惑」と繰り返し言って、職場に居づらい状況にしてしまったり、あるいは、男性上司がみんなの前で「オレは、男が育休をとるなんて信じられない。まさか、お前たちはそんなことはしないよな」と言って、男性が育児休業をとりにくい就業環境をつくることなどが挙げられます。

　ただし、「業務分担や安全配慮等の観点から、客観的にみて、業務上の必要性に基づく言動によるもの」については、ハラスメントに該当しないとされています。

　例えば、「この日は仕事が非常に忙しいんで、この日を避けてもらえるとありがたいんだが、どうだろうか」と意向を確認したり、「体の負担が大きいだろうから、もう少し楽な業務に変わったらどうだろうか」と聞いたりすることは、問題はありません。

要するに、「職場の都合を一方的に伝えるのではなく、相手の話も聞きながら、よくコミュニケーションをとってください」ということです。

　コミュニケーションをとることは、妊娠・出産をした人や、制度を利用する側の人にも求められています。

　マタハラ防止指針の中では、「周囲と円滑なコミュニケーションを図りながら自身の体調等（制度の利用状況等）に応じて適切に業務を遂行していくという意識を持つこと」と書かれています。

　妊娠・出産をした人や、制度を利用する人は、上司や同僚などの周囲の人と円滑なコミュニケーションをとるように求められています。

　なぜ、このようなことが求められているのでしょうか。

　それは、育児休業制度、介護休業制度は、助け合い精神のようなものがないと、成り立たない制度だからです。

　理論的には、すべての社員に制度を利用する権利があります。しかし、全員が権利行使をすると、職場が成り立たなくなってしまう性質を持っています。

　例えば10人の職場で、休業者、時短者が、３人も４人もいると、業務が成り立たなくなってしまいます。

　人事部門に相談して人員手配をしてもらうにしても、時間がかかります。すぐに人員の手配ができるとは限りませんし、３人も４人も代替要員を入れたとすると、全員が職場復帰してきたときに、代替要員の処遇に困ります。

　なるべくなら代替要員を入れずに、あるいは最小限にとどめて、職場に残っている人で回してもらいたいと会社側は考えます。そのため周囲の人の仕事の負荷は増えることになります。

この問題は、「1人が権利行使すると、他の人の負荷が増す」というトレードオフの構造を持っています。だから、周りの人が否定的な言葉を言ったり、嫌がらせをしたりすることにつながってしまうわけです。

周囲の人が「迷惑だ」と言いたくなるのは、心理的にはごく自然なことです。思っていても言わないようにしましょう、ということですが、周囲の人にはかなりネガティブな気持ちがたまっていきます。

マタハラに関しては、法律や就業規則でどれだけ規制したとしても、根本的な要因は解決できません。

この問題を解決できるのは、お互いの助け合いの気持ちであり、それを生み出すためのコミュニケーションです。

普段から、双方が良好なコミュニケーションをとっていて、「困ったときは、お互い様。私の負担は増えるけど、そこはなんとかするから、私が困ったときには助けてね」というような職場環境にしていくしかありません。

マタハラについては、制度が周知されていないことも、原因や背景となっているとされます。

「うちの会社は、どんな制度が使えるのか？」ということを知らない人もいます。制度についてきちんと説明する機会を作ることも、重要なマタハラ防止対策です。

「配慮」とは、何をすればよいのか？

　人事関係の用語の中には、「配慮」という言葉がよく出てきます。「安全配慮義務」「職場環境配慮義務」「合理的配慮」など。4つのハラスメント防止指針の中にも「被害者に対する配慮のための措置」という言葉が出てきます。

　「配慮」というのは、とても、わかりにくい概念です。

　こちらが「配慮」したつもりが、相手にとっては「配慮」になっていないケースも起こっています。

　例えば、育児関係のハラスメントで出てくる例として、小さな子供のいる女性に対して、「海外出張をさせるのはかわいそう」と考えて、別の人に出張させるケースがあります。

　しかし、女性が海外出張に行くつもりで準備をしていたとしたらどうでしょうか。両親に子供を預かってもらう手はずを整え、出張の準備を進めていたとしたら、相談もなく他の人に代えられてしまうのは、とてもショックです。

　上司は"配慮"したつもりかもしれませんが、むしろハラスメントになってしまう可能性もあります。

　では、どうしたら適切な「配慮」ができるのでしょうか。筆者は次のように考えています。

　「相手に聞くことが配慮のスタートである」と。

　これは、アメリカのメンタルヘルス関係の資料を読んでいて、気が付いたことです。

　2004年ごろの話ですが、アメリカでは保健福祉省が「メンタルヘ

ルス・フレンドリー・ワークプレイス」というキャンペーンを行っており、たくさんの資料が出されていました。その１つに、企業の人事部門向けの『Workplaces That Thrive（繁栄する職場）』というマニュアルがありました。これは、イギリスやカナダのノウハウも採り入れたものであったため、職場のメンタルヘルス対策に必要な内容が網羅された非常にすぐれたマニュアルでした。

　ただ、日本人の筆者にとっては、よく理解できない部分がありました。メンタルヘルス不調者に対しては、企業は「reasonable accommodation（合理的配慮）」をしなければならないとされており、「undue hardship（過度の困難）」を伴う配慮はしなくてよいと書かれていました。日本のメンタルヘルス対策においては、聞いたことがない言葉でしたので、よく理解できませんでした。

　調べてみると、日本とアメリカでは、職場のメンタルヘルス対策のベースとなる法令が違っていました。日本では「労働安全衛生法」が職場のメンタルヘルス対策の根拠法令になっていますが、アメリカでは「障害を持つアメリカ人法（The Americans with Disabilities Act of 1990）」が根拠法令になっていました。これは、障害を持つ人の公民権法と呼ばれています。

　日本語の「障害者」という言葉は、その人全体を規定してしまうかのようなイメージがあるため「障がい者」とひらがな表記されることもあります。アメリカの場合は、ラベリングを避けるため「障害を持つ人」という概念で捉えられており、「部分的にディスアビリティ（能力や機能を発揮できない面）を持つ人」という考え方です。

　手に障害を持つ人は、「手を使った作業についてはフルに機能を発揮できないけれども、頭を使う仕事、足を使う仕事など、他のことはできますよ」というようなイメージです。

　メンタルヘルス不調を抱えている人の場合は、「精神的負荷の高い仕事をするときには、機能をフルに発揮できないかもしれないけ

れども、それを除けば、できる仕事はたくさんありますよ」といった受け止め方です。能力や機能をフルに発揮できないディスアビリティの部分に対しては、企業は「reasonable accommodation（合理的配慮）をしてください」ということのようでした。

　いろいろと資料を見ていくうちに、次のような例があることを知りました。

　アメリカのある会社は工場を経営していました。その会社に車いすに乗った人が入社してきました。

　同社の工場は２階建てで、２階に食堂がありました。工場にエレベーターはなく、従業員たちは階段で２階に上がって昼食をとっていました。

　さて、車いすに乗った従業員に配慮するために、エレベーターを設置しなければならないのでしょうか。

　エレベーターの設置にはかなりの高額費用がかかります。会社側の負担が大きすぎて、リーズナブルな範囲を超えるため、そこまではやらなくてよいとのことです。

　では、何をしたらよいのでしょう。

　昼食のときに、みんなで車いすを持ち上げて、２階まで連れて行ってあげればよいのでしょうか。それは従業員の肉体的負荷が大きすぎます。

　結局、その工場がしたことは、１階にも食事スペースをつくることでした。車いすの人が１人だけで食事をすると孤立してしまいますので、１階の食事スペースで何人もの従業員が食事をとれるようにしました。それによって、車いすに乗った従業員は孤立することなく、みんなと一緒に食事がとれて、会社側もエレベーターを設置する高額費用の負担をしなくてすみました。

　どうしてこの解決案が出てきたのでしょうか。それは、会社側が

車いすに乗った従業員に「どうしたらいい？」「どうしてほしい？」と聞いて話し合ったからです。

　このケースが掲載されていた資料には、「まずは、障害を持つ人に聞いてみてください」と書かれていました。障害を持つ人に配慮しようと思っても、健常者にはわからないことがたくさんあります。健常者側が「これをすれば配慮だろう」と思っていても実は違っていることがありますから、「直接本人に聞いてみてください」と推奨されていました。

　本人に聞いてみると、「なんだ、そんなことでよかったのか」と、比較的負担の少ない解決案が出てくることが多々あるそうです。そういったやり方をするのが「合理的配慮」だと知りました。

　まずは「本人に聞いてみること」。それが「配慮」のスタートではないでしょうか。

　前述した、小さなお子さんを持つ女性社員の海外出張の例も、まず本人に聞いてみれば、思い込みの"配慮"ではなく、適切な配慮ができたはずです。

　「今度、海外出張があるんだけど、行けそう？」と聞いて、「子供が小さいので別の人に代わってもらえませんか」と言われたら、そのときに別の人に代えれば何の問題も生じなかったはずです。

　本人が「行けます」と言った場合には、「何か支援してほしいことはある？」とさらに相手の意向を聞けば、高いモチベーションを保って海外出張の仕事を完遂させてくれたのではないかと思います。

　「行けそう？」と一言聞くだけですが、それをやるかやらないかで、結果は大きく違ってきます。

　自分の思い込みの"配慮"にならないように、「話を聞く」ことが大切です。

シンプルな防止策は、「相手の話を聞くこと」

　イギリスに CIPD（Chartered Institute of Personnel and Development）という組織があります。人事関係の NPO で、100年以上の歴史を持ち、人事関連のノウハウを持った組織として、おそらく世界最高レベルの組織の１つです。

　CIPD が2020年１月に『職場のコンフリクトをマネジメントする』というレポートを出しました。コンフリクトとは、人間同士の対立・衝突のことで、いじめやハラスメントを含んでいます。

　いじめやハラスメントを防ぐためには、どういう職場環境、職場文化をつくっていけばよいのでしょうか。マネージャー層に対して、「良い職場カルチャーとは、どういう特徴の職場ですか？」とアンケートを採った結果が、右ページの**図表4-21**です。回答が多かった要素を大きな文字で表すワード・クラウドという手法を使った表現です。見ていただくとわかるように、「Listen（話を聞く）」というのが一番大きな文字になっています。それに続いて、「Trust（信頼）」「Respect（相手への敬意）」などが来ています。

　要するに、「Listen（話を聞く）」のが、良い職場の特徴であり、それが、いじめやハラスメントを予防するということです。

　何から取り組んでよいのかわからない場合は、お互いに「話を聞く」ことを意識するとよいのではないでしょうか。それが一番シンプルな方法です。

　図表4-22は、日本の経営者に聞いた経団連のデータです。こちらもコミュニケーションがトップに来ています。「話を聞く」ことを含めたコミュニケーションの重要性が読み取れます。

◆図表4-21　経営者が考える良い職場カルチャー（イギリス）

（出典：CIPD『Managing conflict in the modern workplace』2020）

◆図表4-22　エンゲージメントを高める対応として重視している項目

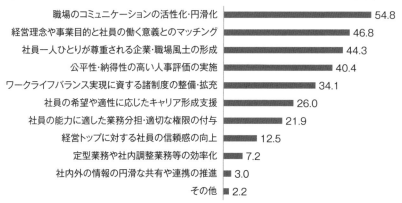

職場のコミュニケーションの活性化・円滑化	54.8
経営理念や事業目的と社員の働く意義とのマッチング	46.8
社員一人ひとりが尊重される企業・職場風土の形成	44.3
公平性・納得性の高い人事評価の実施	40.4
ワークライフバランス実現に資する諸制度の整備・拡充	34.1
社員の希望や適性に応じたキャリア形成支援	26.0
社員の能力に適した業務分担・適切な権限の付与	21.9
経営トップに対する社員の信頼感の向上	12.5
定型業務や社内調整業務等の効率化	7.2
社内外の情報の円滑な共有や連携の推進	3.0
その他	2.2

（出典：経団連『2019年人事・労務に関するトップ・マネジメント調査』）

第5章
対応法メニューを
選ぶ

〈本章のねらい〉
　対応のための個別アクションプランを掲載しています。各アクションプランは2〜3分程度で説明できるようなものです。使えそうなものをピックアップして、10分程度の内容にまとめておくと、研修コンテンツの「対応編」や「コミュニケーション編」を作ることができます。適宜アレンジしていただき、ご自分で考えたアクションプランもどんどん入れましょう。被害を防ぐことが最優先ですから、まずは被害を受けている人へ伝えるべき内容から見ていきます。

対応編 1
ハラスメントを受けたら？…相談する

　ハラスメントを受けたと思ったら、会社の相談窓口に相談をしてください。一人で悩んでいると、追い詰められた気持ちになり、苦しさから抜け出せなくなることがあります。苦しさが強くならないうちに早めに相談をしましょう。

　「ハラスメントかどうかわからない」という場合も、「このままだと、ひどいことになるのではないか」と思う場合も、相談をしてください。会社の相談窓口は、ハラスメントが生じた場合の相談だけでなく、ハラスメントを未然に防ぐための相談、深刻化を予防するための相談も受けています。

　相談をするに当たっては、内容を書いたメモ、メールやSNSのやりとり、録音データなどがあれば、整理しておいてください。

　ただし、「録音データがあれば、決定的な証拠になる」とまでは考えないようにしましょう。一時的な「売り言葉に買い言葉」という可能性もありますので、両者のこれまでの関係性も含めて総合的に判断されます。録音内容が、恫喝や悪質な暴言等でなければ、1つの発言だけでハラスメントと認定されるわけではありませんが、「不適切な言動が1つ以上あった」という証拠にはなります。

　メモを残しておくことはかなり有効です。日付と内容が書かれた詳細なメモがあると、客観性は乏しいかもしれませんが、信憑性は高いと判断される可能性があります。

　なお、相談したことによる不利益な取扱いは法律で禁じられています。会社の方針として、不利益な取扱いはしませんし、プライバシーもきちんと守りますので、安心して相談してください。

ハラスメントを受けたら？…距離をとる

　ハラスメントを受けたときの対応法は、できるだけ距離をとることです。物理的な距離をとることができればよいのですが、職場内では難しいかもしれません。業務上の関係が密接でなければ、なるべく関わりを減らして、心理的な距離をとりましょう。

　誰かに間に入ってもらうことも距離をとることにつながります。第三者に間に入ってもらうと、直接的に関わることが減り、心理的な距離感が出てきます。

　会社の相談窓口に相談することは、相手との距離をとるうえでも効果があります。相談窓口での調査が始まると、行為者とされた人は、調査期間中は、業務上の必要がない限り、直接的な接点を持たないように言われます。行為者とされた人の中には、被害者と直接話を付けようとする人もいますが、人事部門から「それは報復行為とみなされる可能性があります。報復行為は厳しい処分となります」と釘を刺されます。また、被害が深刻化しかねないと判断された場合には、調査期間中に、行為者とされた人が自宅待機となることもあります。少しの間離れるだけでも楽になるかもしれません。

　ハラスメントの最終的解決法の多くは、セパレート（距離を離す配置転換）です。窓口に相談することで、最終的には、物理的にも離れることができる可能性があります。

　窓口に相談しにくい場合は、最初のステップとして、まず同僚や友人などに相談してみましょう。話を聞いてもらうと、気持ちが落ち着くことがあります。気持ちを少し楽にしたうえで、次のステップとして、相談窓口に相談をしてください。

同僚として相談を受けたら？

　同僚として、ハラスメントを受けた人から相談を受けた場合は、じっくりと話を聴いてあげてください。ハラスメントを受けた人の中には、誰にも言えずに一人で苦しんでいる人もいます。家族に心配をかけたくないと思い、家族にも言えない場合もあり、同僚に話を聴いてもらって、「ようやく人に話すことができた」と言う人もいます。特別なことをしなくても、ただ一生懸命に話を聴いてあげるだけで、相手の気持ちは軽くなります。望ましいのは、共感的に話を聴いてあげることですが、そこまではできなくても、うなずきながら、じっくりと聴いてあげてください。

　沈黙があるかもしれませんが、少し待ってあげましょう。言葉に詰まってしまったあとに、これまでずっと言えなかった苦しい気持ちを言ってくれることもあります。そういうときに、黙って聴いてくれる人がいるだけで、心強いものです。

　最終的には、会社の相談窓口に相談することを勧めるのがよいのですが、相手は、すぐにそういう気持ちにはなれないかもしれません。相手のペースを尊重してあげてください。

　何度も相談に乗ってあげていると、気持ちが落ち着いてきて、解決法に目が向き始めるかもしれません。その段階で、会社の窓口に相談することを勧めると、受け入れてもらえるはずです。

　相談を受けたときには、相手の秘密を守ることは大原則です。ただし、緊急事態だと直感したようなときには、できるだけ本人の了解を得て（緊急度によっては了解を得られなくても）、誰か信頼できる人に話して、緊急対応法を相談しましょう。

対応編4
上司として相談を受けたら？

　上司として、ハラスメントの相談を受けたときには、耳を傾けて話をしっかりと聴いてください。

　話を聴く際には、自分の価値観を差し挟まないことです。

　「そんなことくらいでハラスメントなんて言っていたら、この先、やっていけないよ」と言いたくなるかもしれませんが、グッとこらえて話を聴きます。

　話をきちんと聴いてあげないと、相手は「話も聴いてくれない。会社に相談しても何もしてくれそうもない」と思って、会社の相談窓口を飛ばして、外部に相談をする可能性があります。

　初期対応で重要なことは、感情配慮です。感情配慮といっても、難しいことをする必要はありません。じっくりと話を聴いてあげるだけで、感情配慮につながります。

　相手が苦しんでいたことを知ったら、

　「気付いてあげられなかったのは、申し訳なかった」

　と一言言うだけでも、ずいぶん相手の感情は違ってきます。

　「体調は大丈夫？」と、体調についても聴いておきましょう。体調が悪化している場合は、安全配慮義務の観点から、体調を回復してもらうことを優先しましょう。

　そのうえで、ハラスメント問題を解決するために、話し合っていきます。人事部門による正式対応が必要だと判断したら、本人の了解を取ったうえで、人事部門に報告して、対応を相談します。

　そこから先は、人事部門の判断を仰ぎながら、人事部門と協力して解決に向けた対応に取り組んでください。

対応編5
ハラスメントを目撃したら？

　社内でハラスメントを目撃した場合は、声を掛けられる状況であれば、被害を受けている人に「大丈夫？」と一言、声を掛けてください。ハラスメントの被害者を孤立させないことが重要です。

　孤立してしまうと、ハラスメントの被害に加えて、職場内での孤立という、いっそうつらい状態に追い込まれてしまいます。

　ハラスメントが社内で起こっているときは、仮に自分とは関係のない部署のことであったとしても、会社内でリスクが発現する可能性があるという認識を持ってください。被害者を保護するため、また、会社をリスクから守るためにも、社内の信頼できる誰かに伝えましょう。会社の相談窓口は、第三者からの相談も受けています。相談窓口に相談することも考えてみてください。

　ハラスメント防止は、会社全体の職場環境を良くしていく取組みであり、働きやすい職場をつくるためのものです。

　ハラスメント防止にとって一番良くないのは、「見て見ぬふり」をしてしまうこと。見て見ぬふりの職場環境は、ハラスメントを助長してしまいます。周囲の人が声をあげて、ハラスメントを抑止していくことも、会社に対する大きな貢献です。

　通報的なことに抵抗感がある場合は、まずは、周囲の人と話をして「あれって、どう思う？」と相談してみましょう。話し合っているうちに「まずいよね」「何とかしたほうがいいんじゃないかな」ということになれば、次の行動として、窓口への連絡を考えてください。一人では連絡を入れにくくても、何人かの後押しがあれば連絡を入れやすくなるかもしれません。

ハラスメントをしてしまったと思ったら？

　もし、自分がハラスメントをしてしまったと思ったら、できるだけ早く謝りましょう。上司と部下の関係であれば、「今の言い方は、私が間違っていた。傷付けてしまったかもしれない。申し訳なかった」、同僚間であれば「さっきは、ごめんなさい」など、きちんと謝っておくべきです。

　何日も経ってから謝るのではなく、その場で謝るようにしましょう。相手が許してくれれば、「その場限りのこと」で終わらせてくれるかもしれません。

　当日に謝れなかった場合は、翌日に「昨日は言い過ぎてしまった。一晩考えたけど、自分が間違っていた。申し訳なかった」などと、率直に謝ることが大切です。

　心配なときは、上司に相談してください。

　「○○さんに、ひどい言い方をしてしまいました。きちんと謝りたいのですがどうしたらよいでしょうか」

　と話して、できれば上司に仲介してもらい、上司に立ち会ってもらって、謝罪する場を作ってもらいましょう。

　上司としても、自分の職場からハラスメントの訴えが起こることは避けたいはずです。

　相談窓口にハラスメントの相談が持ち込まれると、上司も人事部門から呼び出されヒアリングされることがあります。深刻化する前の早めの解決は上司にとっても望ましいことです。

　「きちんと謝りたい」と上司に相談すれば、上司が仲介してくれて、謝罪の場を作ってくれるのではないでしょうか。

対応編7
部下のハラスメントに気付いたら？

　部下がハラスメントをしていることに気づいたら、ただちにハラスメントをやめるように指導してください。

　部下のハラスメントを認知できないケースも多いですから、認知できただけでも、監督責任のうちの重要な部分の責任を果たしていると言えます。しかしながら、認知したにもかかわらず、ハラスメントをやめるように指導しなかったときには、指導についての責任を問われます。ハラスメントをしている部下をかばったり、黙認したりすれば、ハラスメントに加担したとみなされます。

　ハラスメントをした部下が、仕事のできる職場のエースであったとしても、ハラスメントはやめさせなければなりません。すぐにやめさせることが本人のためです。放置して、言動がエスカレートしてしまうと、後々部下自身が重い処分を受けることになります。

　ハラスメントをした部下本人に話を聴き、事情も聞いたうえで、適切に指導をしてください。話を聴いてみると、成果を上げない部下の指導に悩んでいたというようなこともあり得ますので、事情は聞きましょう。

　被害を受けている人からもきちんと話を聴いてください。かなりつらい思いをしているはずですから、心身の状態も含めて話を聴くことが必要です。最悪の対応は、もみ消したり、なかったことにしようとしたりする対応です。後々大問題となる可能性があります。

　対応が難しいと思ったら、相談窓口や人事部門の人の助けも借りて、対応をしてください。

コミュニケーション編1
「短いコミュニケーション」を増やす

　コミュニケーションの向上は、ハラスメント防止の根幹をなすものです。

　ハラスメントを防ぐための一番シンプルな方法は、「コミュニケーションを増やす」ことです。

　コミュニケーションを増やすことが、周囲の人との意思疎通を良くして、コミュニケーションの行き違いによる不要なトラブルの発生を抑えることにつながります。

　昔と違って、終業後に飲みに行って話をすることはしにくくなっていますから、就業時間内にコミュニケーションを増やすことが必要です。忙しい業務時間内に、コミュニケーションを増やすのは大変かもしれませんが、お互いの意思疎通が良くなることは、仕事の面でも大きな効果をもたらすはずです。意識的にコミュニケーションを増やしてみましょう。

　コミュニケーションを増やす方法は、それほど難しく考える必要はありません。どんな方法でも大丈夫です。

　挨拶をする、声を掛ける、雑談をする、話しかけられたら快く応じるといった程度で十分です。

　短いインフォーマルな会話（quick informal chat）がポイントです。小さなコミュニケーションをいくつもやっておくと、お互いに話しかけやすくなり、会話が増えていきます。話しかけやすいので、コミュニケーションが増えていきます。

　いきなり「長いコミュニケーション」をとろうとするのではなく、「短いコミュニケーション」で雰囲気作りをすることが大切です。

コミュニケーション編2
双方向のコミュニケーションにする

　ハラスメントは、一方的なコミュニケーションを続けているときに起こりがちです。人は、逆らうことも、ものを言うこともできないような状況になると、袋小路に追い詰められたような、苦しい気持ちになっていきます。そんなときに、ひどい暴言を浴びたり、不当な要求を受けたりすると、「ハラスメントを受けた」と感じます。

　それを防ぐには、双方向性を意識することです。自分が一方的に相手に話すのではなく、相手の意向を聞いたり、意見を聞いたりすることが大切です。

　常に双方向にしなければいけないわけではありません。上司は、業務上の必要性があれば、部下が嫌がることであっても部下にやらせなければならないことがあります。そういうときには、一方的に命ずるしかありません。また、叱責する場面では、一方的になるのは、ある意味、仕方のないことです。

　ですが、そうした場面以外のときには、相手の話を聴く機会を作ったりして、双方向のコミュニケーションを保つことが大切です。スポットごとのコミュニケーションにおいては一方的になることがあったとしても、コミュニケーションの全体像を双方向にしていくことが重要です。

　よく「褒めて育てるか、叱って育てるか」が議論になります。コミュニケーションの側面から見ると、「褒める」も「叱る」も、こちらから相手に話しかけるコミュニケーションです。「褒める」と「叱る」だけだと、一方通行になりかねません。そこに、「聴く」というコミュニケーションを加えることも大切です。

「さん付け」で名前を呼ぶ

　会話をするときに、相手の名前を呼ぶことは、ハラスメントを防止するための基本です。

　名前を呼ぶことの対極にあるものは、相手を番号で呼ぶことです。

　囚人や捕虜は、「1号」「2号」など番号で呼ばれています。番号で呼ぶことによって、意図的に人格を否定していると捉えることもできます。

　名前を呼ぶことは、相手の人格を尊重する一番ベーシックなものです。

　誰でも名前があるわけですから、

　「○○さん」

　「□□くん」

　と名前で呼びましょう。シンプルなことですが、案外できていないものです。

　「さん付け」で名前を呼ぶと、自然に暴言を減らすことができます。名前を呼ばなかったり、呼び捨てにしたり、「オマエ」と呼んだりした後には暴言を言いやすいですが、敬称を付けて名前を呼んだ後に暴言を言うのは、簡単ではありません。

　「○○さん、この給料泥棒！」

　「□□さん、ふざけるな。死んでお詫びしろ」

　とは、言いにくいものです。

　「さん付け」で、名前を呼んでいると、暴言を言いにくくなりますから、「さん付け」を口癖にすると、ハラスメント防止につながります。

コミュニケーション編4
叱る前に「予告」をしておく

　「バカヤロー、気を付けろ！」という言葉は、使われる状況によって、意味合いが違ってきます。

　静かなオフィス内で、「バカヤロー、気を付けろ！」という怒声が鳴り響けば、パワハラと受け取られるかもしれません。

　しかし、作業現場など安全を重視しなければいけない場所で、安全を脅かすことをした人に対して、「バカヤロー、気を付けろ！」と怒鳴り付けることは、安全を守るための行為であり、一般的にはパワハラには該当しないと判断されます。

　ただし、怒鳴り付けられた人がショックを受ける可能性がないとは言えません。あまりにも驚いて、怒鳴られた瞬間に、高所作業現場で足を踏み外したり、手に持っている工具を落としてしまったりするかもしれません。安全を守るための行為が、驚かせることによって、別の危険を生んでしまうこともあります。

　そういったことを防止するためには、事前にきちんと説明しておくことです。いわば「予告」です。

　「この職場は、安全を守らなければいけない職場だから、安全を脅かすことをしたときには、大声で怒鳴り付けることもあるぞ」などと事前に伝えておきます。そうすると、必要以上に驚いたり、ショックを受けたりする可能性は減ってきます。

　新人や異動してきた人は、職場の状況をよくわかっていませんので、それらの人に対しての事前説明は特に重要です。いきなり厳しく叱ると、「あんな言い方をされるとは思わなかった。パワハラじゃないか」と思われてしまうかもしれません。

コミュニケーション編5
叱る目的をはっきりさせる

　大声で叱責されたり、長時間叱責されたりすると、パワハラと感じる人は少なくありません。しかし、そうした叱責をされた場合でも、パワハラと感じず、不満も持たないケースもあります。

　2017年度の人事院年次報告書（公務員白書）に参考になるデータが出ています。同報告書では、30代職員に調査したところ、「大声で叱責された」「長時間叱責された」などの行為を受けても、

　「指導内容そのものが適確で、厳しくも合理性があった」

　「改善すべき点が示され、自分の成長につながるものであった」

　というときには、パワハラとは感じず、不満も感じにくいことがわかりました。

　この結果からは、

　・叱る合理性がある

　・指摘内容が適確

　・改善すべき点が示されている

　・成長につながる

　といったポイントが見えてきます。

　上司が「こんなミスの多い書類じゃ、オレが上に見せられないだろ！」と叱ったのでは、部下は合理性も感じませんし、自分の成長につながるとも思わないはずです。上司が上に良く思われたいから怒っていると感じるでしょう。部下は「そんなことのために、なんで怒られなきゃいけないんだ」と思うかもしれません。

　叱るときには、相手が成長することを目的として、具体的な改善方法も含めて叱ることが大切です。

コミュニケーション編6
「ねぎらい」の言葉を増やす

　職場における基本的なコミュニケーションとして、「ねぎらい」の言葉を増やすことも有効です。

　図表5-1は、30代の国家公務員を調査したデータです。

◆図表5-1　仕事が評価されていると感じるときは？

1．一定の成果、節目の際に上司や同僚から労いがあった時	51.5%
2．人事評価で上司からの評価を聞いた時	51.2%
3．日々の仕事で上司や同僚から感謝を伝えられたとき	46.2%

（出典：2017年度人事院年次報告書）

　第1位は「上司や同僚から労いがあったとき」となっています。また、第3位に「上司や同僚から感謝を伝えられたとき」が来ています。ねぎらいの言葉や、感謝の言葉など、ちょっとした言葉で、部下は評価されていると感じるようです。

　職場の部下・後輩と、どんな会話をしたらよいかわからないときは、ねぎらいの言葉を増やしてみると、相手は評価してもらっていると感じるかもしれません。「大変な仕事だったね。よくやってくれた」「期限に間に合わせてくれて助かったよ」「今日は大変だった。みんなお疲れ様」などのねぎらいの言葉で、職場の雰囲気は良くなるものです。

　繁忙期などは、コミュニケーションが減りがちです。しかし、誰もが頑張っているときですから、「今日も大変だったけど、お疲れ様でした」などと、みんなでねぎらいの言葉を掛け合うことが大切です。

コミュニケーション編7
フェイルセーフ状態をつくっておく

　人間は誰でも失敗をします。コミュニケーションにおいても失敗は付きものです。言い過ぎたり、怒鳴ってしまったり、無視をしてしまったり。

　失敗することを前提に物事を考えておきましょう。

　「フェイルセーフ」の考え方も有効です。フェイルセーフというのは、事故防止などで用いられているものですが、失敗したときに安全側に傾く仕組みです。

　ハラスメントの場合、前後のコミュニケーションを重視することがフェイルセーフに働きます。

　普段からよくコミュニケーションをとっていれば、お互いに意思疎通ができていますから、ちょっとした言い間違いなら、相手に言い間違いとわかります。しかし、普段のコミュニケーションがとれていない場合は、言い間違いであっても、言葉どおりに受け取られて、ハラスメントと思われてしまうことがあります。

　言った後のコミュニケーションも重要です。言い過ぎたのであれば、すぐに「申し訳ない。言い過ぎた」と言えば、その場限りのことで終わります。しかし、言いっ放しで、何もフォローをしなければ、相手はずっと傷ついたままになるかもしれません。

　ハラスメントになるかどうかは、不適切な発言の「前」と「後」のコミュニケーションも関係してきます。「前」「後」のコミュニケーションをきちんとしていれば、多少言い間違えても、フェイルセーフの状態になります。失敗することを前提に「前」「後」のコミュニケーションを大切にしましょう。

コミュニケーション編8
「ワン・オン・ワン・ミーティング」をする

　上司と部下の日常的なコミュニケーションを増やすために、定期的なワン・オン・ワン・ミーティング（1対1のミーティング）を持つことも有効です。

　ワン・オン・ワン・ミーティングは、もともとはインテルのCEOであったアンディ・グローブ氏が1980年代くらいから推奨していたもので、シリコンバレーで脈々と受け継がれてきました。

　グローブ氏がなぜそれを始めたのかというと、彼がまだ部門長クラスのときに、担当したことのない部門のトップになり、その部門のことがよくわからなかったことがきっかけです。「部下に教えてもらうしかない」と思って、定期的にワン・オン・ワン・ミーティングを行いました。

　つまり、上司が部下に教えるのではなく、「上司が部下に教えてもらう」のが、もともとのワン・オン・ワンです。

　「部下に教えてやる」タイプのワン・オン・ワンなら、これまでのさまざまな手法と代わりはありません。「部下に教えてもらう」、「部下の話を聴く」のが本来のワン・オン・ワンです。

　ワン・オン・ワンは、部下のモチベーションを高め、パフォーマンスを高めることにも大きな効果があるようです。だからこそ、シリコンバレーで受け継がれてきたのでしょう。

　ちなみに、パワハラ防止指針には、望ましい取組みとして「定期的に面談やミーティングを行う」という言葉が入っています。ワン・オン・ワン・ミーティングを意味していると解されています。

コミュニケーション編9
「プッシュ型」から「プル型」へ

　コミュニケーションというのは、直訳すれば伝達（情報伝達）という意味であり、「情報の流れ」を表しています。

　情報の観点から見ると、コミュニケーションは、「プッシュ型コミュニケーション」と「プル型コミュニケーション」に分けられます。プッシュ型はこちらから情報を発信するコミュニケーション、プル型は情報を引き出すコミュニケーションです。

　ハラスメントをするタイプの人は、プッシュ型コミュニケーションが多く、自分から話すばかりで、一方通行のコミュニケーションになっている傾向があります。

　ハラスメントを防ぐには、プル型コミュニケーションを意識することが重要です。

　プル型を意識すると、コミュニケーションが双方向に変わっていき、ハラスメントのリスクが減っていきます。

　プル型コミュニケーションとは、具体的には、相手の話をよく聴くコミュニケーションです。しっかりと話を聴くことで、相手から情報を引き出すことができ、自分のところに情報が次々と入ってくるようになります。

　経営者や管理職は、部下から上がってきた情報に基づいて判断をすることが多いはずです。必要な情報が上がってこなければ、どんなにすぐれた判断力の持ち主でも、判断を誤ってしまうことがあります。プル型コミュニケーションで情報が上がってくる関係を作っておくことは、ハラスメント防止だけでなく、判断を求められているリーダーの仕事にも役に立つのではないでしょうか。

コミュニケーション編10
「3秒間の沈黙」をつくる

　怒りをコントロールするアンガー・マネジメントの手法では、「6秒間待つ」ことが推奨されています。人間の怒りの感情は6秒くらいでピークアウトするとされ、6秒待ってから行動を起こしたり、6秒待ってから話し始めたりすれば、怒りの感情に振り回されずに、比較的冷静に対応ができるというわけです。

　同じような方法ですが、会話においては、「3秒間の沈黙」を入れる方法があります。

　「居心地の悪い3秒間」と言われています。

　会話の中で3秒間も沈黙が続くと、会話が途切れたように感じられて、お互いに気まずくなります。すると、どちらかが話をしようとします。このときに、自分が話し始めてはダメ。自分が黙っていれば、相手が話し始めますから、これによって相手が話しやすい状況が生まれます。

　「3秒間の沈黙」は、相手に話をするきっかけを提供するためのものです。上司など優越的立場にある人は、会話が途切れると、自分のほうから話し始める傾向があります。すると、部下はますます話をできなくなってしまいます。コミュニケーションが一方通行の状態になり、ハラスメントと思われやすい状態につながっていきます。

　「3秒間の沈黙」を入れると、相手が話すチャンスが生まれ、一方通行ではなくなっていきます。この方法もハラスメントを防ぐために役に立ちます。

　つい自分のほうから話をしてしまう傾向のある人は、意識的に「3秒間の沈黙」を使ってみてはどうでしょうか。

「インターチェンジ」を増やす

　コミュニケーションの双方向性を作るためには、コミュニケーションの「インターチェンジ」を意識することも有効です。「インターチェンジ」というのは、話す人が入れ替わるという意味です。

　海外での研究によれば、セールスパーソンの場合、顧客に対して一方的に説明をしていると営業成績が伸びないそうです。1分間に1回もインターチェンジがない状態は、赤信号と言われています。顧客が口を差し挟めないくらいに話し続けるようでは、顧客との間に良い関係は生まれません。

　上司と部下の会話場面も同様です。1分間に何回、話す人が入れ替わっているでしょうか。

　上司がずっと話し続けていて、部下が口を差し挟むことができないときは、入れ替わりはゼロです。健全なコミュニケーションのためには、1分間の中で少なくとも1回以上は入れ替わりが必要です。1分間というのは結構長い時間ですから、普通に会話をしていれば、数回以上は入れ替わりが起こります。

　190ページのパワハラの「悪い事例」（1分21秒）では、後半40秒くらいは、上司による叱責・罵倒がずっと続きます。190ページの台本を読んで想像していただければと思いますが、40秒間続くと、普通の人はものすごく長く感じます。1分間も叱責・罵倒が続いたら、なおさらです。

　「2時間、3時間の長時間の叱責はダメ」と言われますが、それどころか1分間でもかなりリスクがあります。1分間の中に最低1回は、話者が変わる「インターチェンジ」を入れましょう。

コミュニケーション編12
部下等からリスク情報を早めに伝える

　部下、後輩の立場の人は、できればパワハラを受けないようにしたいものです。それには、部下、後輩としてコミュニケーションを向上させていくことも重要です。

　パワハラ防止指針の中には、「労働者個人のコミュニケーション能力の向上を図ることは、職場におけるパワーハラスメントの行為者・被害者の双方になることを防止する上で重要である」と記されています。被害を受けないためのコミュニケーションについても考えておく必要があります。

　上司が怒る場面は、計画を達成できなかったときや、遅れが出ているときや、ミスをしたときなどです。ギリギリの段階になって、「計画が達成できそうにありません」「納期に遅れそうです」と報告されても、上司は手の打ちようがなく、腹が立ちます。

　計画未達になりそうだ、遅れが出そうだとわかった時点で、早めに上司に伝えることが必要です。早い段階であれば、上司は手の打ちようがあります。

　また、ミスをしたときには、言いにくいとは思いますが、早く報告して、言い訳をせず、率直に謝り、上司の指示を仰いで対処法を考える必要があります。

　計画未達、遅れ、ミスというのは、職場にとってリスクが発生している状態です。「リスク情報は早めに伝える」のが原則です。報告が遅れれば遅れるほど、「なんで早く言わなかったんだ」と上司が怒りを爆発させる可能性が高くなります。言いにくいかもしれませんが、リスクが発生しそうな状況では、早めに情報を伝えてください。

コミュニケーション編13
部下等からホウレンソウの「相談」を使う

　仕事をするうえでは、ホウレンソウ（報告・連絡・相談）が重要とされます。ホウレンソウのうち「相談」を多用すると、ハラスメントを受けにくくなる可能性があります。

　コミュニケーションの観点から見ますと、「報告」「連絡」は、こちらから相手に伝えるという、一方通行のコミュニケーション。それに対して、「相談」は、こちらが話し、相手の話を聞く双方向のコミュニケーションです。

　上司に報告する際にも、必ず上司の意向を聞く姿勢が必要です。相談調で「こういう状況ですが、どうしたらよいでしょうか」と意向を確認しましょう。

　上司の側としても、単に報告しに来るだけでなく、何かと相談をしてくれる部下に対して、不快な気持ちになることは少ないはずです。上司の中に好感情が生まれれば、ハラスメントの予防につながるかもしれません。

　ただし、一方的に上司の意向ばかり確認していると、何も考えていないように思われて、主体性がないとみなされるかもしれません。ときどき「こういうふうにしてはどうかと思うのですが、いかがでしょうか」と、自分なりの案を含めて、意見具申しつつ相談してみることも重要です。

　コミュニケーションは、上司だけが双方向性を意識してもうまくいきません。上司と部下の両者がコミュニケーションの双方向性を高めていくことが必要です。

コミュニケーション編14
部下等から上司や先輩に話しかける

　上司とコミュニケーションをとりにくいと思っている部下はたくさんいますが、上司のほうも、部下とコミュニケーションをとりにくいと思っている面があります。

　「部下と雑談しようと思っても、なかなか難しい」「部下とどんな話題を話せばよいかわからない」「部下に話しかけたら、嫌がられるんじゃないか」などと思っている上司は、けっこういます。

　上司も部下も忙しく仕事をしていますから、相手の邪魔をしてはいけないという気持ちもあり、雑談などのコミュニケーションはしにくいものです。コミュニケーションが減っていくと、ますますコミュニケーションをとりづらくなり、職場内でのコミュニケーションはいっそう減っていきます。

　「コミュニケーションの希薄化」はパワハラの原因の1つになっていると考えられています。希薄化を解消するには、双方の取組みが必要です。

　上司が部下に「声かけ」をするのが基本ですが、部下のほうから上司に「声かけ」をしても悪いわけではありません。

　部下から話しかけてもらうと、上司は部下と話をしやすくなります。たまには、部下のほうから上司に雑談を話しかけてみましょう。よく話しかけてきてくれる部下に対してパワハラはしにくいですから、パワハラの抑止にもつながるはずです。

　ときには、立場を超えて、部下のほうから雑談をしてみることもよいのではないでしょうか。

家を建てるためにレンガを積め

　辞書で「指導」の意味を調べると、「目的に向かって教えみちびくこと」（広辞苑）と出ています。上司にとっても、部下にとっても、「目的」が明確になっていることは、仕事をするうえで大事なことです。

　マネジメント分野でよく取り上げられる例は、レンガを積む作業を指示する場面です。

　「レンガを積め」と作業内容だけを指示した場合と、「家を建てるためにレンガを積め」と目的と作業内容の両方を伝えた場合の違いを考えてみましょう。

　「レンガを積め」と指示した場合、指示された人は、指示どおりにレンガを積み上げていきます。しかし、作業過程でどんなことが起こるかわかりません。積むためのレンガがなくなってしまうかもしれません。

　「レンガを積め」と指示されている人は、「レンガがないのだから、もう積めない」と思って戸惑ってしまいます。何をしてよいかわからず、作業を続けられなくなります。

　それに対して、「家を建てるためにレンガを積め」と指示された人は、途中でレンガがなくなっても、目的は家を建てることだとわかっています。

　レンガがないのであれば、他の素材を使って家を建てようと工夫するかもしれません。

　予期せぬことが起こって、指示された作業を実行できなくなったときに、目的がわかっている人とわかっていない人では、対応が違ってきます。目的を伝えるかどうかで、大きな差を生みます。

結果が出るまでの「タイムラグ」を見込んでおく

　部下や後輩の指導をするときには、「タイムラグ」を見込んでおくことも大切です。

　ピーター・センゲは、著書『学習する組織』の中で、「遅れ」を理解していないことにより、様々な問題が生じていると述べています。

　センゲは、シャワーのたとえを使ってわかりやすく説明しています。ちょうどよい温度のシャワーを出したいとします。そのシャワーは、お湯が出るのに10秒の遅れがあるとすると、お湯の栓をひねってから10秒間は冷たい水しか出てきません。温度を上げるために、さらにお湯の栓をひねります。すると、10数秒後に、急に熱湯が出てきて、慌てることになります。

　指導もこれに似ています。部下や後輩を叱ったとしても、すぐに改善効果が出るわけではありません。なかなか改善されないので、待ちきれなくなって、さらに叱ってしまう。それが続くと、過度の叱責につながっていきます。

　どんなことでも、タイムラグや遅れがあることを理解しておかないと、言動をエスカレートさせてしまうことになります。

　人によってタイムラグは違います。すぐに成長する人もいますし、成長するまでに長い時間を要する人もいます。すぐに成長する人と、成長するのに長い時間を要する人のどちらが長期的に高い成果を上げ続けるかはわかりません。上司や先輩としては、すぐに成果を上げてもらいたいところですが、タイムラグを見込んだ指導が必要です。特に、新人や異動してきたばかりの人に対しては、かなりのタイムラグを見込んでおいたほうがよいでしょう。

結果が出ない人には、プロセスの改善にフォーカスする

　パワハラが起こりやすいのは、結果が出ない人に対する指導の場面です。上司や先輩の中には、「なんだ、この結果は！（怒）」と部下や後輩を怒鳴り付け、怒りを爆発させてしまう人もいます。

　パワハラと言われないように気を付けながら必要な指導をするには、どのようなコミュニケーションをとったらよいのでしょうか。

　結果を直接変えるのは簡単ではありませんから、プロセスの改善に焦点を当ててみるのも、1つの方法です。

　「どういうやり方をしている？」

　「どんな優先順位でやっている？」

　など、プロセスについて聞いて、プロセスの改善を一緒に考えていくのです。この手法はアメリカの軍隊などで用いられている考え方です。軍隊というのは、絶対に結果を出さなければいけない組織です。結果を出すことができないと、部隊が全滅したり、多くの国民が命を失ったりするかもしれません。きわめて重大な結末となりますので、民間企業以上に結果が求められている組織です。

　とはいえ、軍のリーダーが部下に対して「結果を出せ！」と怒鳴ったところで、結果が出るとは限りません。そこで、プロセスにフォーカスして話し合い、プロセスを改善することによって、着実に結果を出すことに結び付けていこうとするわけです。

　結果が出ている人に対しては、プロセスについて細かい指示をするよりも、任せてしまったほうがモチベーションが高まるとされます。他方、結果が出ていない場合には、プロセスを一緒に考えてプロセスについて指示をするやり方が有効とされます。

アドバイスをしてくれる人を持つ

　部下や後輩の中には、さまざまなタイプの人がいるはずです。仕事の覚えが悪い人、仕事がいつも遅れる人、勤務態度の悪い人、チームワークを乱す人。そういう人は、上司や先輩にとっては、「困った部下・後輩」であり、悩みの種です。指導の仕方について、自分一人で悩んでいると、どんどん腹が立ってきて、怒りがエスカレートし、暴言を繰り返してしまうかもしれません。

　実際、パワハラ事例の中には、作業をなかなか覚えない後輩の指導の際に、ひどいパワハラにつながった例や、納期に遅れた部下に対して、ひどく怒鳴り付けてパワハラにつながった例があります。それらのケースでは、困った部下・後輩を「どう指導してよいのかわからない」という悩みが背景に存在しています。

　指導で困っているときには、自分より上の上司や先輩などに早めに相談をしてください。下の人からの相談に乗るのが、上司や先輩の役割です。ぜひアドバイスをしてもらいましょう。

　社内だけでなく、社外の人で指導の悩みを聞いてくれて、指導法をアドバイスしてくれる「スーパーバイザー」のような人を持つことも有効です。

　上司や先輩、スーパーバイザーに相談しながら部下指導をすれば、悩みを聞いてもらって、気持ちも落ち着くでしょうから、部下や後輩に対する怒りの気持ちをエスカレートさせずにすみます。

　「こうしたらどうだろうか」と指導法のアドバイスをもらえれば、より良い指導につながって、部下や後輩の状況が好転する可能性もあります。

「他の人だったら…？」と考える

　「これはパワハラだろうか」と、判断に迷ったときには、「この状況で、他の人だったらどうするだろうか？」と、他の人に置き換えて考えてみましょう。

　経験や知識が自分と同じくらいの人を想定して、その人ならどうするかを考えてみるのです。「他の人でも同じことをするはずだ」と考えられる場合は、自分のやろうとしていることは、おそらく間違ってはいないと判断できます。

　しかし、「あの人なら、こういうことはしないかもしれない」と思えるのであれば、他の方法を考えてみたほうがよいでしょう。

　ある状況で他に選択肢がなく、誰でもその選択肢を選ぶという場合は、「やむを得なかった選択」と考えられます。

　例えば、ミスが多い部下を担当から外すかどうかで迷ったとします。このとき、自分と同じくらいの経験・知識のある別の人に置き換えて、その人がどういう選択をするかを想像してみます。

　「我々の仕事は、お客さんの安全に関わる仕事だ。ミスが多い人に担当させるのは危険だ。この部下はやはり担当を外すしかない」と他の人も考えるだろうと思うときには、仮に、担当を外したことで部下が傷ついて「パワハラをされた」と訴えたとしても、職務上、やむを得ない措置だったと判断できます。

　そうではなく、他の人なら別の方法をとるかもしれないと思えるときには、別の方法があり得るということです。別の選択をしたほうがパワハラのリスクを減らせる可能性があります。

「自分だったら…？」と考える

　部下の立場に立って、「自分だったら、どう感じるだろうか？」と自分に置き換えてみることも、判断材料を増やしてくれます。

　ハラスメントを訴える人の中には、例えば「目障りだ」と言われて傷付いたという人がいます。

　言う側は、口癖のようになっていて、相手にどんなダメージを与えているのか気付いていないかもしれません。

　「目障りだ！」

　と、自分が言われたとしたら、どう感じるでしょうか。想像してみてください。存在を全否定されたような感じがして、かなりショックを受けるのではないでしょうか。自分だったらどう感じるだろうかと想像してみると、そのインパクトやダメージを想像できます。

　他にも何気なく使われる言葉として、

　「こんなことも、できないのか」

　「そんなことも、知らないのか」

　などがあります。言われた側になってみて、想像してください。言っている側は、何気なく使っている言葉かもしれませんが、言われた側は、能力・知識を否定されたような感じがして、かなりショックではないでしょうか。

　「新入社員以下だ！」

　「小学生以下だ！」

　「字も読めないのか」

　「算数もできないのか？」

　と言われたときには、どんなふうに感じるでしょうか。

判断編3
「より良いマネジメントはないか？」と考える

　パワハラの場合は、明確な境界線というものはなく、グレーゾーンの部分があります。グレーゾーンの部分を「パワハラか、そうでないか」と判断しようとすると、結論を出せない状態になり、袋小路に入ってしまいます。

　境界線にこだわるよりも、「より良いマネジメントはないか？」と考えたほうが、解決策が見えてきます。

　例えば、金曜日の夕方に「この資料、月曜日の朝までに作っておいてくれ」と指示をしたとします。これがパワハラに当たるのかどうか。残業や休日出勤を強いることになるかもしれないので、パワハラに該当すると考える人もいます。事情があったのだろうから、パワハラとまでは言えないのではないか、と考える人もいます。パワハラかどうかにこだわると、結論が出てきません。

　それよりも、「より良いマネジメントはなかったか？」と考えたほうが、解決策や改善策が見えやすくなります。

　「いきなり指示をするのではなく、先に部下の事情を聞いたほうがよかったのではないか」

　「理由をきちんと説明すれば、ある程度わかってもらえるのではないか」

　「よほどの緊急事態でなければ、もっと早い時間に指示を出せたのではないか」

　など、より良いマネジメントの方法がいろいろと考えられます。

　「パワハラかどうか」に頭を使うよりも、「より良いマネジメントはないか」を考えることに頭を使ったほうが、今後につながります。

第6章

研修用ツールを作り、
ワークを取り入れる

〈本章のねらい〉

　参加型研修になるように、チェックリスト、テスト、クイズ、ディスカッション、簡易調査などさまざまなバリエーションのワークを入れる方法もあります。研修用ツールの作り方と使い方を見ていきましょう。

就業規則から「テスト」を作る

研修の際に、簡単なテストをやってもらうことも効果があります。

単に文章を読むだけでは、頭の中を素通りしてしまって、あまり記憶に残りません。テスト形式にして、自分の頭で考えてもらった後に、答え合わせをすれば、記憶に残る可能性が高まります。

受験勉強などで使われる「問題集」のようなものを作っておくわけです。

正解したときよりも、間違えたときのほうが、「えっ、なんでこれが間違いなの？」という感覚になり、むしろ記憶に残ることがあります。間違えてもらうことも、記憶保持のための重要なプロセスになります。

テストの作り方で一番簡単なのは、一部分を空欄にしてしまうことです。空欄にする部分は、研修担当者が詳しく説明したい部分です。テストをしてもらった後に解説をすることが重要であり、解説したい箇所を空欄にしておきます。

ハラスメント研修では就業規則について伝える必要がありますので、就業規則を問題集のようにしてしまうのも一法です。

テスト例1 は、厚生労働省のモデル就業規則（平成31年３月版）をもとにしたものですが、自社の就業規則をもとに、穴埋め問題を作っておくと、研修ですぐに使える「テスト」ができあがります。

■Q1　下記は「就業規則」の規定を抜粋したものです。空欄に入る言葉は何でしょうか。

（服　　務）

第10条　労働者は、職務上の責任を自覚し、誠実に職務を遂行するとともに、会社の指示命令に従い、[　　　　]⑴の向上及び[　　　　]⑵の維持に努めなければならない。

（遵守事項）

第11条　労働者は、以下の事項を守らなければならない。

④　会社の[　　　　]⑶を損なう行為をしないこと。

⑦　その他労働者として[　　　　]行為⑷をしないこと。

（職場のパワーハラスメントの禁止）

第12条　職務上の地位や人間関係などの職場内の優越的な関係を背景とした、業務上必要かつ相当な範囲を超えた言動により、他の労働者の[　　　　]⑸を害するようなことをしてはならない。

■正　解

> （服　務）
>
> 第10条　労働者は、職務上の責任を自覚し、誠実に職務を遂行するとと
> もに、会社の指示命令に従い、 職務能率 (1)の向上及び 職場秩序 (2)の
> 維持に努めなければならない。

＜解　説＞

　パワハラ防止の取組みで、管理職が抵抗を感じているのは、「注意・指導がしにくくなるのではないか？」「権利ばかり主張する部下が増えるのではないか？」という点です。

　注意・指導をする際の根拠規定を確認しておけば、管理職は自信を持って注意できるようになります。部下が合理的な理由もなく指示命令に従わない場合、職務能率の向上に努めていない場合、職場秩序の維持に努めていない場合は、就業規則を根拠に、注意・指導をすることができます。

　部下の側にも、この点を確認しておいてもらう必要があります。

　社員の中には、自分の意に沿わない上司の命令に対して不満を持ち、パワハラと捉える人がいるかもしれません。しかし、その指示命令が不当なものでない限り、自分の意に沿わなくても、指示命令に従う必要があります。それが就業規則の取決めです。

　また、社員は、職務能率の向上や職場秩序の維持にも努めなければなりません。能率が悪いままで許されるわけではありません。能率の改善が見られなければ上司から指導されますし、遅刻を繰り返したり、自分勝手に仕事をしたりして職場秩序を乱せば、注意を受けます。これらをハラスメントだと誤解しないようにしてもらうために、一般社員研修においても就業規則の規定を確認してもらうことが大切です。

ただし、上司が何でも意のままにできるというわけではありません。注意・指導においても、不適切なものは認められていません。

　それらが、次の遵守事項やパワハラ禁止規定に定められています。

■正　解

> （遵守事項）
>
> 第11条　労働者は、以下の事項を守らなければならない。
>
> ④　会社の 名誉や信用 (3)を損なう行為をしないこと。
>
> ⑦　その他労働者として ふさわしくない 行為(4)をしないこと。

<解　説>

　遵守事項は、「ハラスメントとまでは言えないけれども不適切な言動（ミスコンダクト）」を防ぐために重要な項目です。

　会社にとって、売上げ、利益は重要ですが、その一方で、「名誉や信用」も大切です。名誉や信用は、将来の売上げ、利益につながるものです。会社が社会的信用を失えば、顧客から見放され、将来の売上げ、利益が低下する可能性があります。

　ビジネスパーソンには、決算書項目で伝えたほうが理解してもらいやすいかもしれません。売上げ、利益は、損益計算書の項目、それに対して、名誉や信用などは会社にとっての資産であり、貸借対照表（バランスシート）の項目です。実際には、簿外資産かもしれませんが、会社の大切な資産であることにかわりはありません。

　就業規則には、名誉や信用のような、会社の大切な資産を損なう行為をしてはいけないと明記されています。

　会社の幹部社員が「何でこんなに売上げが低いんだ！　オマエはバカか。親の顔が見たい」などと繰り返し言っていて、それがSNSなどに出てしまった場合、パワハラ行為と認定される可能性がある

ことに加えて、会社の信用を傷付けているとも言えます。世間の人から「あの会社、よい会社に見えるけど、幹部がそんなことを言っているのか」と思われたら、会社の名誉や信用が毀損します。

地位の高い人の場合は、パワハラに該当するしないにかかわらず、信用失墜行為という理由で懲戒処分されることはよくあります。

管理職やチームリーダーの中には、高い売上げ、利益を上げている優秀な人がいます。仕事のできる人は、部下や後輩の実績が上がらないと、頭にきたり、物足りなく感じたりして、言い過ぎたり、叱りすぎたりして、言動がエスカレートしてしまうことがあります。どんなに仕事ができる人でも、社員としてふさわしくない言動はしないようにしなければなりません。

就業規則第11条⑦の規定は、仮にパワハラではないとしても、「社員としてふさわしくない行為」として処分されることがあり得る、というルールです。

■正　解

（職場のパワーハラスメントの禁止）

第12条　職務上の地位や人間関係などの職場内の優越的な関係を背景とした、業務上必要かつ相当な範囲を超えた言動により、他の労働者の 就業環境 (5)を害するようなことをしてはならない。

＜解　説＞

パワハラ禁止規定に関しては、ここでは、「就業環境」という部分を空欄にしています。

「パワハラをしてはいけない」と言われても、概念を明確に理解できない人もいるかもしれません。簡単に言えば、「他人の就業環境を

害してはいけませんよ」ということです。

　職場はみんなが能力を発揮しなければいけない場所ですから、他人の就業環境を害して、能力を発揮しにくい環境にすることは、やってはいけないことです。

　逆に言えば、「自分も周りの人も働きやすい就業環境をつくるように心がけてください」ということです。それを意識できていれば、ハラスメント行為は減っていくはずです。

　例示したくらいの分量のテストであれば、制限時間2分もあれば解答できるはずです。7〜8分くらいを解説に充てれば、10分間のモジュールになります。他のテストも含めて、全体で10分くらいにしてもよいかもしれません。

　別バージョンのやり方としては、テストで答えを考えた後に、隣の人、前後の人などと、答え合わせをしてもらうやり方もあります。

　「答えを書いたら、お隣の人と、答え合わせをしてみてください」と言って、3〜5分くらいディスカッションしてもらうと、より理解が深まったりします。元になっているのは就業規則ですから、正解は決まっているものの、別の答えが出てくるのもおもしろいものです。「確かに、それも重要かもしれませんね」という案が出てくると、いろいろな気付きが生まれます。そうなると、研修は盛り上がり、記憶にも残りやすくなります。

4つの指針から「テスト」を作る

　ハラスメント防止の各指針にも重要なことが書いてあります。
　指針の内容を口頭や文書で伝えても、記憶に残りにくいでしょうから、指針をテスト化して、研修ツールにする方法もあります。
　指針のどの部分を抜粋してもよいですし、空欄にする部分も自由です。テスト後に「この部分を詳しく説明したい」という箇所を空欄にします。

　テスト例2 では、「パワハラの行為者・被害者にならないための方法」と「マタハラへの対応法」を理解してもらうために、当該部分を穴埋めテストにしました。

■Q2　厚生労働省の「パワハラ防止指針」には、次のような文章があります。空欄に入る言葉は何でしょうか。

労働者個人の　　　　　　　　　　(1)能力の向上を図ることは、職場におけるパワーハラスメントの行為者・被害者の双方になることを防止する上で重要であることや、業務上必要かつ相当な範囲で行われる適正な業務指示や指導については、職場におけるパワーハラスメントには該当せず、労働者が、こうした適正な業務指示や指導を踏まえて真摯に業務を遂行する意識を持つことも重要であることに留意することが必要である。

■Q3　厚生労働省の「育児・介護休業等に関するハラスメント防止指針」では、ハラスメントの原因や背景となる要因を解消するため、次の措置を行うように、求められています。空欄に入る言葉は何でしょうか。

・労働者が所定労働時間の短縮措置を利用することで短縮分の労務提供ができなくなること等により、周囲の労働者の　　　　　　(2)が増大することもあることから、周囲の労働者の　　　　　　(2)等にも配慮すること

・労働者の側においても、制度等の利用ができるという知識を持つことや周囲と円滑な　　　　　　　　　　(1)を図りながら自身の制度の利用状況等に応じて　　　　　　　　　　　　(3)という意識を持つこと

■正　解

（Q2）

> 　労働者個人の $\boxed{\text{コミュニケーション}}$ ⑴能力の向上を図ることは、職場におけるパワーハラスメントの行為者・被害者の双方になることを防止する上で重要であることや、業務上必要かつ相当な範囲で行われる適正な業務指示や指導については、職場におけるパワーハラスメントには該当せず、労働者が、こうした適正な業務指示や指導を踏まえて真摯に業務を遂行する意識を持つことも重要であることに留意することが必要である。

＜解　説＞

　指針のこの部分は、パワハラの防止には、「コミュニケーション」能力の向上が重要だということが記されています。

　「被害者にならない」ためにも、コミュニケーション能力の向上が重要とされているところがポイントです。コミュニケーションというのは、双方向のものですから、片方が努力しただけではうまくいきません。上司と部下、先輩と後輩、双方の努力が必要です。

　部下の中には、上司に相談もせずに勝手に仕事を進めてしまう人もいます。これでは上司を怒らせてしまい、ハラスメントの原因を作ってしまいます。部下の側のコミュニケーションを改善していくことも必要です。

　また、この文章の中では「真摯に業務を遂行する意識を持つこと」の重要性も説かれています。

　部下の勤務態度が上司の怒りを生んでいる場合もありますので、部下の側には「真摯に業務を遂行する意識を持つ」ように伝える必要があります。これは、ハラスメントの被害を受けないためにも重要なことです。

■正　解

(Q3)

> ・労働者が所定労働時間の短縮措置を利用することで短縮分の労務提供ができなくなること等により、周囲の労働者の 業務負担 (2)が増大することもあることから、周囲の労働者の 業務負担 (2)等にも配慮すること
>
> ・労働者の側においても、制度等の利用ができるという知識を持つことや周囲と円滑な コミュニケーション (1)を図りながら自身の制度の利用状況等に応じて 適切に業務を遂行していく (3)という意識を持つこと

＜解　説＞

　育休や時短を使う人がいると、周囲の人の業務負担が増えてしまいます。それが、育休や時短を使う人への嫌がらせや攻撃が起こる原因の１つです。マタハラやケアハラの背景にある周囲の人の「業務負担」の増加に配慮することが、上司には求められています。

　労働者の側も、周囲の協力を得るために、円滑なコミュニケーションをとることが求められています。

　「これは、私の権利だ」という一方的な態度では、周囲の協力を得られず、冷たい視線にさらされるかもしれません。「適切に業務を遂行していくという意識」を持ち、周囲との「円滑なコミュニケーション」を図っていくことが、マタハラ、ケアハラを起こさせないために重要です。

　マタハラ防止に関しては、上司（会社）、行為者、制度を利用する者の三者の一定の努力が必要とされています。

アンケート結果を「クイズ」にする

　全社員アンケート（匿名方式）をとり、アンケート結果をクイズにして、研修で使う方法もあります。

　例えば、「当社で、パワハラを受けたと感じた経験のある人は、何パーセントだと思いますか？」など。

　経営者や幹部の方には、特にこのクイズは重要です。回答した数値とだいたい一致していれば、自社の状況を正しく認識していると言えます。もしギャップが大きければ、ギャップに気付いたことは研修の大きな効果です。ギャップに気付かなければ、状況を読み間違えて、正しい経営判断ができなくなっていた可能性があります。

　神奈川県で、2016年に男性職員（当時37歳）がパワハラや長時間労働などが原因とみられる自殺をしました。こうした悲劇を繰り返さないため、神奈川県は全職員を対象にパワハラについてのアンケートを実施し、2020年に公表されました。過去5年間でパワハラを受けたと感じたことがある人は、23％でした。

　この結果を受けて、神奈川県の黒岩祐治知事が記者会見に応じ、「自分が想像していたより多いなというのが正直なところです」とコメントしました。つまり、予測とのギャップがあったということです。こうしたギャップを認識することがパワハラ防止に向けた重要な一歩となります。

　右のクイズ例は、厚生労働省の2016年度パワハラ実態調査に基づいたものですが、自社の調査データがあれば、それを元に作ってください。

■下記は、厚生労働省2016年度パワハラ実態調査に基づくものです。空欄に当てはまる数字を予想してください。

（過去３年間で）
パワハラを受けたと感じた経験のある人は、

$\boxed{}$ ％(1)

（過去３年間で）
何度も繰り返しパワハラを受けたと感じた経験のある人は、

$\boxed{}$ ％(2)

（過去３年間で）
上司に業務の相談をしているときに、パソコンに向かったまま、視線を合わせてもらえなかった経験のある人は、

$\boxed{}$ ％(3)

正解は、

(1)32.5％、(2)7.8％、(3)6.7％です。

パワハラを受けたと感じている人は、およそ３人に１人。繰り返しパワハラを受けたと感じている人は、13人に１人です。

また、視線を合わせてもらえなかった人も、15人に１人います。視線を合わせてもらえなかった人を企業規模別に見ると、99人以下は5.7％、100〜299人は7.0％、300〜999人は7.8％、1,000人以上は8.5％です。大企業ほど、上司がコミュニケーションの問題を抱えているようです。

その場で「クイズ＋実態調査」をする

　集合研修の会場では、簡易調査をすることもできます。

　一番簡単な方法は、挙手をしてもらうこと。質問をして該当する人に手を挙げてもらうと、即席でアンケートを採ることができます。

　ハラスメント研修の場合も、こうした方法は使えます。

　ある程度楽しい方法でやったほうがよいと思いますので、アンケートの前にクイズも採り入れてみましょう。

　手を挙げてもらう前に、予測をしてもらうのです。

　「今から、○○についてみなさんに質問して、手を挙げていただきます。その前に、まず、何％くらいの人が手を挙げると思うか予測してみてください」と言って、予測をしてもらいます。

　その後、手を挙げてもらい、研修担当者が目で見てざっと集計して、答え合わせをします。

　厳密にやる必要はなく、アバウトでOKです。

　手を挙げると、他の人に見られてしまいますので、目を閉じてもらうとよいのですが、手を挙げるときの服がこすれる音で周囲の人にわかってしまうことを心配する人もいます。目を閉じてもらい、「音を立てないようにそっと」と言って手を挙げてもらえば、手を挙げてくれます。

　「人事の人に見られたくないから手を挙げない」という人もいますが、厳密なアンケートではありませんので、細かいことはあまり気にしなくても大丈夫です。

＜インストラクション例＞

　「職場環境を良くするためには、みなさんに共通認識を持っていただくことが重要です。今から、簡単なアンケートを採って、その結果をみなさんに共有していただきたいと思います。

　みなさんには目を閉じていただいて、音を立てないようにそっと手を挙げていただこうと思います。質問する内容は、社内でパワハラを見たことがあるか、というものです。手を挙げていただく前に、まず、何％くらいの人が手を挙げると思うか予測してみてください」

　「では、みなさん少し目を閉じてください。社内でパワハラを見たことのある人は、音を立てないように、そっと手を挙げてください」

　「ありがとうございました。目を開けてください」

　「ざっと見たところ、3割くらいでした。みなさんの予測は合っていましたか？」

　重要なことは、予測値とのギャップです。予測値と現実のギャップが大きい人は、会社の状況を正しく認識できていないと考えられます。

　予測値と大きなギャップがあったとすれば、その時点で気付いてもらうことはとても重要です。「せいぜい1割くらいだろう」と思っていた人が、3割もいると気付けば、少し驚きがあるかもしれません。そうした驚きが、ウェイクアップコール（目を覚ますきっかけ）になり、職場環境を見直すことにつながる可能性があります。

　会社のどこかでパワハラが起こっているとすれば、会社にとってはリスクです。管理職の方には、自分がパワハラをしないだけでなく、会社全体のリスクを減らすために、周囲の環境にも関心を持ってもらうことが大切です。

研修用ビデオを使って、ディスカッション

　ハラスメントに関しては、厚生労働省の『あかるい職場応援団』というサイトに、たくさんの研修用ビデオが用意されています。無料で使えますので、これらのビデオを使うのがよいでしょう。

　他にも、日本経済新聞社、PHP研究所、自己啓発協会などがハラスメント研修用ビデオを販売しています。各社が工夫していますので、試聴などをして、職場の実態に一番合いそうなものを使うとよいでしょう。

　ビデオの良い点は、ケースドラマを通じて、「悪い事例」と「良い事例」の両方を比較できることです。

　「悪い事例」だけを見せるやり方では、ビデオ研修の効果は半減してしまいます。「こういうこと、よくあるよね」とか「これは、ひどいね」といった印象で終わってしまって、具体的な対応法を知ることができないからです。

　モデルケースを見て真似をすることが、学習においては効果的です。各社のビデオのうち、モデルケース（良い事例）のところだけを選んで、それらをたくさん見てもらうのも一法です。良いイメージを頭の中に残すためです。

　最も効果的なのは「悪い事例」と「良い事例」の両方を見てもらって、比較してもらうこと。やるべきことが、よりはっきりとしてきます。

　ビデオを元にディスカッションをしてもらうことも有効です。

　ここでは、『あかるい職場応援団』のビデオを使ってディスカッションする例をご紹介します。

やり方の基本は、次のような流れです。

① 「悪い事例」を見る
② どのように改善すべきか、ディスカッションをする
③ 「良い事例」を見て、参考にする

　まず、悪い事例を見てもらい、見終わったら隣の人や、前後の人と「改善点」について話し合ってもらいます。時間の決まりはありませんが、3〜5分程度あれば簡単な話し合いはできるはずです。190ページの「悪い事例」の場合1分21秒、191ページの「良い事例」は2分16秒です。ディスカッションを含めても10分程度で構成できます。

　各グループごとに、参加者から「こうしたほうがよいと思う」「こうするともっと良くなる」といった意見やアイデアが出てきたら、話し合いを終了してもらって、「良い事例」のビデオを見てもらいます。

　「良い事例」を見て、「なるほど、こういうやり方をすればよいのか」と参考にする人もいるだろうと思います。筆者の経験では、みなさんで話し合って出てきた案のほうが、ビデオの「良い事例」よりも、上を行っているケースが少なくありませんでした。ビデオのモデルケースを上回る案がたくさん出てきますので、ディスカッションしてもらうことは効果的です。

　どういう改善法が考えられるかを参加者全体でシェアしてもらうために、各グループの代表にグループ内で出た意見を発表してもらうのもよい方法です。

＜悪い事例＞　1分21秒

> 上　司：おい！　多々良！（バンと、机を叩く）早く来い！　納期の件
> で佐藤商事の部長からクレームだ‼
>
> 多々良：本当ですか？
>
> 上　司：俺は、何も聞いてないぞ！　納期はどういう話になっていたん
> だ！　納期は、基本の「き」だろ！　部長はペナルティを要求
> しているぞ！
>
> 多々良：先方の担当者には確認を取って、了解はいただいて…
>
> 上　司：じゃあ、（バンと、机を叩く）なんでクレームが来るんだ‼　子
> 供みたいに言い訳するんじゃない！
> それに、なんで納期がズレるとわかった時点で報告・相談しな
> いんだ！　うちの信頼を損なうような大問題になったらどう
> するつもりだ！怠慢だぞ！この給料泥棒！
> お前に任せた仕事だといっても、自分だけで判断して進める
> のは100年早い！半人前のくせに、思い上がって自分を過信す
> るな！
> まずは、先方に謝罪に行ってきちんとお詫びして来い！
> 最初から言い訳なんかするんじゃないぞ、早く行け！

（出典：厚生労働省『あかるい職場応援団』ビデオ。191ページの「良い事
例」も同じ出典）

【ディスカッション・テーマ】

　上司は、どのように対応すればよかったと思いますか？　「改善
案」を話し合いましょう。

　グループ・ディスカッションでは改善案を話し合ってもらうこと
が重要です。ところが、ダメ出しをする人がけっこういます。「給料

泥棒と言っているのはパワハラだと思う」、「100年早い、というのは言ってはいけなかった」など。問題点の指摘しか出てこないグループもあります。おそらく、ダメ出しすることが習慣化されているのでしょう。そういう人は、部下に対してもダメ出しばかりしてしまっている可能性があります。

　重要なことは、ダメ出しではなく、改善案を考えることです。「欠点を見つける」、「悪い点を見つける」というのは、どちらかというと、簡単なこと。そうではなく、「どうしたらよいのか？」「どうやって改善したらよいのか？」を考えることが大切です。

　職場での部下指導においても、部下を批判・否定することは簡単ですが、「どうしたらよいのか？」という改善案を一緒に考えて、改善に結び付けることが管理職に求められている役割です。そういう点を再認識してもらうためにも、研修のディスカッション・ワークにおいては、「批判・否定」ではなく、「改善案を考えること」にフォーカスしてもらうことが大切です。

　一朝一夕にはいきませんが、「ダメ出し」から「改善案作り」にシフトしてもらうことにつながれば、ハラスメント防止に留まらず、指導法を見直してもらうためのきっかけにもなるはずです。

　次に、モデルケースとして、「良い事例」のビデオ映像を見てもらいます。

＜良い事例＞　2分16秒

> 上　司：多々良くん。納期の件で、佐藤商事の部長からクレームがあった。
>
> 多々良：えっ、本当ですか？

上　司：ペナルティについても言ってきている。君からは報告がなかったが、どうなっているんだ。

多々良：はい。変更がありましたが、先方の担当者には確認をとって、了解はいただきました。

上　司：そうか。わかった。とにかくまずは先方に謝罪に行こう。

　2人で謝罪に行き、職場に戻ってきて会議室に入りました。多々良さんは立ったままで、謝ります。

多々良：本当に、申し訳ありません。

上　司：うん。まあ。

　上司は多々良さんを座らせて、話を続けます。

上　司：うちは、納期厳守でクライアントに信頼されているところもあるから、まずは第一に優先して欲しい。それから、納期がズレそうだとわかった時点で、報告、相談。何とか間に合うように一緒に考えれば何か方法はあったかもしれないし、どうしても難しければ、先方に私から謝罪を入れることもできた。そして、納期が遅れても担当者の了解は取ってあるから問題ないと自分だけで判断して進めてしまうと、今回のようなトラブルに発展してしまう可能性は十分にある。どんな仕事でも自分だけで抱え込もうとしたら限界があるよ。ま、痛感しているだろうがね。

多々良：はい。

上　司：君に任せていれば安心と、途中経過を確認していなかった私にも責任はあるし、反省もしているよ。これからはお互い、もっと風通し良く行こう。

このディスカッション・ワークにおいては、「良い事例」と「悪い事例」の違いを比較して理解してもらうことが狙いです。また、ディスカッションでは、自分が気が付かなかったよい対応案を発言する人もいます。そういう案を採り入れてもらうことも目的です。

受講者にディスカッションしてもらうと、改善案だけでなく、いろいろな視点が出てきます。「先方の会社も、上司と部下のコミュニケーションが悪いのではないか」といった意見もありました。これも視野が広がる重要な指摘です。

納期については、自社内でもいろいろなことが起こり得ます。例えば、営業部門と製造部門が分かれていて、営業部門が顧客に無理な納期厳守を約束してしまった場合、製造部門に圧力をかけることがあります。営業の責任者が製造部門に対して、「先方には、〇日に納品すると約束しているんだ。間に合わせろ！」と脅すように言うことも、部門間を超えたパワハラと言えないことはありません。

そのようなパワハラ的なことをすると、製造部門は、本来しなければいけない検査・検品をしないで、そのまま出荷してしまうかもしれません。実際に、ある自動車メーカーの不祥事案の報告書では、営業サイドから納車を急いでいると督促されたため、急いで検査をしなければならず、不適切な検査方法をとってしまった例が報告されています。

ビデオ研修をするには、ビデオ設備が必要ですが、それがない研修会場もあります。厚生労働省のビデオクリップはダウンロード版もありますので、筆者は、スマホに入れておいて、それをマイクを通じて流しています。映像なしの音声だけでもかなりリアルに伝わるようです。

音声だけでも、「悪い事例→改善案ディスカッション→良い事例」のワークは可能です。

「簡易チェックリスト」を用意しておく

　研修などでは、チェックリストを使う方法もあります。「チェックしてみましょう」と言うと、興味を持って取り組んでくれる人はたくさんいます。

　研修開始時点では、緊張感を持っている人もいますので、緊張をほぐしてもらうことも必要です。オープニングで、チェックリストを使うと、緊張をほぐすことにも役立ちます。会場への入室が遅れている人がいても、チェックリスト作業中であれば、研修開始に間に合います。時間がとれるときは、チェック後に隣の人と少し話し合ってもらうこともできます。

　7つの参考例を掲載しました。

　CL1～CL6は、「ハラスメントとは何か？」を知っていただくための補助ツールです。

　研修開始時は、CL1～CL3のような「言葉」が出ているものが、入りやすいかもしれません。CL5～CL6は、典型的な例がかなり出ていますので、チェックするだけで、「パワハラとは何か？」「セクハラとは何か？」の概要がつかめます。

　CL7は、「どう対応したらよいか？」の参考になるものです。国家公務員向けの内容ですが、人事院が調査データを元にリストアップしたものですから、必要な内容がコンパクトにまとまっています。研修後半で、マネジメント法を確認してもらうための補助ツールとして使えます。

CL1. マタハラ・チェックリスト…こんな発言は要注意！

□「産休？　休みをとるなら辞めてもらうしかない」
□「子育てで残業を免除してほしい？　じゃあ、次の査定では昇進しないと思え」
□「男のくせに育休をとるなんて、あり得ない」
□「自分なら介護休業なんてとらない。あなたもそうすべき」
□「残業制限をしている人には、たいした仕事はさせられない」
□「時短なんて周りを考えていない。迷惑だ」
□「妊娠した？　それなら、他の人を雇うので早めに辞めてもらうしかない」
□「妊婦はいつ休むかわからないから、仕事は任せられない」
□「妊娠するなら、忙しい時期を避けるべきだった」

（厚生労働省「マタハラ防止パンフレット」より作成）

CL2. セクハラ・チェックリスト…こんな発言は要注意！

□「おじさん、おばさん」
□「男の子、女の子」
□「僕、坊や、お嬢さん」
□「男のくせに根性がない」
□「女には仕事を任せられない」
□「女性は職場の花でありさえすればよい」

（人事院指針より作成）

CL3. パワハラ・チェックリスト…こんな発言は要注意!

□「こんなこともできないのか?」

□「こんなことも知らないの?」

□「新入社員以下だ」

□「無能」

□「お前いたの?」

□「目障りだ」

□「あんたに聞いていない」

□「できるまで帰ってくるな」

□「(金曜午後に)月曜までに案件をとってこい」

□「給料泥棒」

□「それなら死んでみろ」

(実例を元に筆者作成)

CL4. パワハラ・チェックリスト…こんな言動は要注意！

□ 問題がある企画書について、書類を投げ付けて修正を命じる

□ 部下を叱責しながら、近くにあった物差しで頭を叩く

□ 「説明しても分からないだろう」と、一人だけ打ち合わせから外す

□ 仕事が終わって帰ろうとする部下に、「俺が残っているのに先に帰るのか」と言う

□ 顧客からの苦情について、部下の説明を疑い、結果的には部下には責任がなかったにも関わらず、「疑われるのはお前の日ごろの態度が悪いからだ」と謝ろうとしない

□ やる気を引き出そうとの意図で「意欲がないなら会社を辞めるべき」とのメールを本人に送るとともに、職場の同僚も cc に入れて送信する

□ 明らかに納期に間に合わないと分かっていて、資料の作成を命じる

□ 能力に見合わない程度の低い業務を継続的に命じる

□ 「俺の若いころは、もっと厳しかったんだ。それに比べ、今の若い者は、甘やかされている」と日ごろから言う

□ 個人的な趣味・嗜好について必要以上に聞く

□ 特定の部下だけを、何度も同僚の前で叱責する

□ 特定の同僚を仲間外れにする

（厚生労働省「研修用パワーポイント資料」より）

CL5. パワハラ・チェックリスト…こんな言動は要注意！

- □ 書類で頭を叩く
- □ 部下を殴ったり、蹴ったりする
- □ 椅子を蹴飛ばしたり、書類を投げ付けたりする
- □ 「こんな間違いをするやつは死んでしまえ」、「給料泥棒」などの暴言を吐く
- □ 発表の方法等を指導せずに、「君のプレゼンが下手なのは、暗い性格のせいだ。何とかしろ」などと言う
- □ 同僚の前で無能なやつだと言う。課全員の前で土下座をさせる
- □ 病気の内容を大勢の職員の前で言う。家族について皮肉を言う
- □ 職員が知られたくない職員本人や家族の個人情報を言いふらす
- □ 改善点を具体的に指示することなく、何日間にもわたって何度も書き直しを命じる
- □ 皆の前で起立させたまま、大声で長時間叱責し続ける
- □ 部下達の目の前で、分厚いファイルを何度も激しく机に叩き付ける
- □ 自分の意向と違うときは意に沿った発言をするまで怒鳴り続けたり、自分のミスを有無を言わさず部下に責任転嫁したりする
- □ これまで分担して行ってきた大量の業務を未経験の部下に全部押し付け、期限内にすべて処理するよう厳命する
- □ 緊急性がないにもかかわらず、毎週のように土曜日や日曜日に出勤することを命じる
- □ 役職に見合った業務を与えず、班内の回覧物も回さない
- □ 部下に仕事を与えない
- □ 気に入らない部下の発言を無視し、会議にも参加させない

（「公務職場におけるパワー・ハラスメント防止対策検討会報告案」より作成。一部削除）

CL6. セクハラ・チェックリスト…こんな言動は要注意！

□ スリーサイズを聞くなど身体的特徴を話題にする

□ 聞くに耐えない卑猥な冗談を交わす

□ 体調が悪そうな女性に「今日は生理日か」、「もう更年期か」などと
　言う

□ 性的な経験や性生活について質問する

□ 性的な噂を立てたり、性的なからかいの対象とする

□ 「男のくせに根性がない」、「女には仕事を任せられない」、「女性は職
　場の花でありさえすればよい」などと発言する

□ 「男の子、女の子」、「僕、坊や、お嬢さん」、「おじさん、おばさん」
　などと人格を認めないような呼び方をする

□ 性的指向や性自認をからかいやいじめの対象とする

□ ヌードポスター等を職場に貼る

□ 雑誌等の卑猥な写真・記事等をわざと見せたり、読んだりする

□ 身体を執拗に眺め回す

□ 食事やデートにしつこく誘う

□ 性的な内容の電話をかけたり、性的な内容の手紙・Eメールを送る

□ 身体に不必要に接触する

□ 浴室や更衣室等をのぞき見する

□ 女性であるというだけで職場でお茶くみ、掃除、私用等を強要する

□ 性的な関係を強要する

□ カラオケでのデュエットを強要する

□ 酒席で、上司の側に座席を指定したり、お酌やチークダンス等を強
　要する

（人事院指針より作成）

CL7. マネジメントをチェックしてみましょう！

【職場環境づくり】

☐ 部下の業務量に偏りを生じさせないよう、状況に応じて柔軟に業務
　分担を変更する

☐ 部下と積極的にコミュニケーションを図る

【業務遂行に係る部下への指導等】

☐ 適時・適切な判断をする

☐ 指示する際、修正箇所や内容、修正の意図等を明確に伝える

☐ 思いつきによる発言を繰り返すなどにより、方針にぶれを生じさせ
　ない

☐ 部下に指導すべき場面で躊躇しない

☐ 成果を上げている部下や努力している部下に対し、評価しているこ
　とが伝わるよう、折に触れて伝える

【業務の効率化・合理化】

☐ 自ら業務の効率化に取り組む

☐ 前例を重視するあまり、部下の新たなチャレンジを阻害しない

☐ 指示するに当たって、コストパフォーマンスを考える

【部下のキャリア形成支援】

☐ 部下のキャリア形成に関する助言を適切に行う（強み・弱みの提示、
　今後の能力開発や専門性習得の方向性に係る助言等）

【パワー・ハラスメントの防止】

☐ 高圧的な態度を取らない

☐ 部下の能力や人格を否定する発言をしない

（人事院年次報告書より作成）

前ページは、人事院年次報告書（2017年度版）の中の「上司によるマネジメントの向上」という項目をもとに、作成したものです。同報告書には、次のように付記されています。チェックしてもらったあとに、こうしたことを説明すると、チェックリストが生きてきます。

これらは、一つ一つは決して新しい項目ではなく、多くの上司が可能な範囲での配慮は行っているものである。また、配慮が困難な事情がある場合もあれば、立場の違いにより受け止めに齟齬が生じることもあると考えられ、部下職員の満足が得られないからといって必ずしもマネジメント全体に問題があるとはいえない。

しかしながら、上司に当たる管理職員は、改めてこれらの点について常に意識を持ち、部下職員とコミュニケーションを図って、配慮できない場合にはできる限りその事情等を共有して、部下職員の納得感を高めるよう努めることは必要であると考えられる。

また、技能・ノウハウの継承の観点からも、上司が部下職員のモチベーション低下を懸念することなく、自信を持って指導していく必要がある。そのためには、コーチングスキルを習得することが有効であり、関連する各種研修の充実を図っていくことが求められる。

第7章
研修デザインの
参考例

〈本章のねらい〉

　研修のタイムテーブルをデザインしましょう。組立て方はまったくの自由です。ここでは、参考例として、50分例（筆者）、60分例（厚労省例）、90分例（厚労省例）のタイムテーブルを載せています。

研修の組立て方は、最小から増やしていく

　研修の組立て方は、会社の方針、職場の状況、担当者の意向によります。

　また、研修時間によっても違ってきます。以前は、90分、60分というものが多かったのですが、最近の流れは、50分化に向かっているようです。経営者・幹部層の研修の場合は、40分くらいです。もちろん、企業の内部で研修される場合は、20分でも150分でも、時間は自由に決められます。

　しかし、いったん60分で組み立てた研修を50分に組み立て直すのはかなり困難です。わずか10分がなかなか削れないものです。

　最小化した組立てから先に考えていったほうが、柔軟性を持った設計ができます。あらゆるものを切り落として、そこから加えていく形です。「不十分な研修でいいんだ。少しでも伝わるものがあって、少しでも仕事に生かしてもらえればよい」と割り切ってしまえば、非常に短い時間の研修でも組み立てられます。

　組立ての中心となるのは、第1章で取り上げた右ページの2つです。

　研修担当者が、法律や指針や裁判例などを勉強すればするほど、どんどん研修に盛り込みたくなります。もちろん、全部伝えることができれば理想的ですが、現実には時間の制約があります。

　頭の体操として、右ページの2つを各10分で説明して、20分の研修プランを作ってみてください。かなり大変な作業ですが、最小化作業ができれば、あとは、そこに加えていくだけです。どんな構成でも組み立てられます。

1. ハラスメントとは何か？（制限時間10分で説明）

2. どう対応したらよいか？（制限時間10分で説明）

相手に合わせて２つの内容を配分する

研修内容の配分は、研修の回数や対象者によって変わります。

＜何回目の研修か＞

初回の研修ならば、「１．ハラスメントとは何か？」を重視し、研修回数を重ねた場合は、「２．どう対応したらよいか？」にウエイトを移していくのがオーソドックスな設計法です。

◆図表７−１　研修内容の配分（再掲）

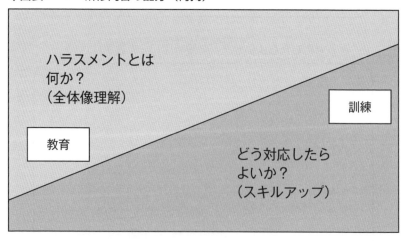

＜経営者・幹部層向け＞

　細かい対応法よりも、全体像をつかんでいただくことが中心ですから、「１．ハラスメントとは何か？」をベースにします。

＜管理職向け＞

　管理職の場合は、全体像を知ることも大切ですが、現場で実践するためのノウハウも必要です。

　「１．ハラスメントとは何か？」と「２．どう対応したらよいか？」のバランスをとることが大切です。

＜新任管理職向け＞

　新任管理職研修の場合は、わりと研修時間が長めになるはずです。「２．どう対応したらよいか？」をたくさん入れることができます。今後のマネジメントの役に立つように、コミュニケーションやマネジメントのノウハウ的なことを充実させましょう。

＜一般社員向け＞

　若い人の場合はパワハラへの関心が高いですから、どんな内容を含めても聞いてくれるはずです。

　「２．どう対応したらよいか？」については、被害を受けないためのコミュニケーション法、被害を受けたときの相談法を伝えることが重要です。

パワハラ、セクハラ、マタハラの どれにウエイトを置くか

　ハラスメント研修のときに、パワハラ、セクハラ、マタハラのどれにウエイトを置くかは、会社の状況によります。

　一般的に言えば、発生頻度を考慮して、パワハラに重点を置くのがよいでしょう。18ページで述べたように「起こり得ることに備える」のが研修の目的です。

　厚生労働省の2016年度パワハラ実態調査によれば、従業員からの相談の多いテーマ（2つまで回答）は、パワハラ32.4％、セクハラ14.5％となっています。マタハラについてのデータはありませんが、厚生労働省の都道府県労働局に寄せられる相談のうち、マタハラの相談件数はセクハラの4分の1程度です。

　相談件数としては、パワハラ ＞ セクハラ ＞ マタハラとなっています。

　国家公務員のデータも同様の傾向を示しています。人事院年次報告書（2018年度）によれば、人事院に寄せられた苦情相談のうち、パワハラ25.4％、パワハラ以外のいじめ・嫌がらせ8.4％、セクハラ3.7％、マタハラ0.3％となっています。

　相談件数と発生件数が必ずしも同じ傾向を示しているとは言い切れませんが、一般的には、パワハラが一番起こりやすいと考えられますので、パワハラ防止に重点を置くのがよいでしょう。

　もちろん、セクハラ研修も重要です。セクハラ防止がルール化されてから20年以上経ちましたので、社内での明らかなセクハラは減ってきていると見られます。

しかし、近年は、他社の人に対するセクハラが問題となっています。また就活生に対するセクハラ事件も起こっています。社内のセクハラ防止だけでなく、社外の人に対するセクハラ防止について研修をしておくことが求められています。

　また、性的少数者に対するハラスメントが大きな問題となっていますので、きちんと研修しておく必要があります（詳しくは128ページ参照）。

　セクハラの原因や背景には、「性別役割分担意識」があるとされています。「性別役割分担意識」に起因する問題として、不快感を与えるCMが炎上するケースも起こっています。個別のハラスメントには該当しないとしても、CMが炎上して、企業が信用を落とすのは重大な問題です。

　直接的なセクハラが生じていない企業でも、「性別役割分担意識」についての研修は重要と考えられます。

　女性社員の多い企業であれば、マタハラに重点を置いた研修が効果を上げるかもしれません。

　マタハラは女性社員同士でも起こっています。育休や時短をとる女性社員と、負担が増えることになった女性社員の間で、トラブルが起こったり、ハラスメントが起こったりしています。

　マタハラ防止は、職業生活と家庭生活の両立支援が大きな目的です。仕事と家庭の両立は、誰にとっても大切なテーマですから、内容をマタハラに限定せず、両立のための研修にする方法も考えられます。

10分単位のモジュールを作っておいて組み立てる

　研修のタイムテーブルを設計するには、10分単位のモジュール（部品）を作っておくと、組み合わせるだけで設計ができます。

　10分で話せる文字量は、約3,000字。A4サイズであれば、2枚程度に収まる文字量です。A4の紙に原稿を書いてみて、2枚に収まれば、10分で話すことができます。

　モジュール例と盛り込むポイントを掲載しますが、絶対的なものではありませんので、研修対象者の属性、ニーズなどに応じて、適宜修正してください。

　なお、オープニングやクロージングは5分くらいで終わることも多いため、10分単位をベースにしつつ、15分のモジュールも用意しておくと便利です（以下、pは、本書参照ページ）。

オープニング　5分

　・最近の事例・ニュース or チェックリスト

　マスコミで話題になっているハラスメント関係のニュースを取り上げたり、自社で起こりがちな不適切な事例を取り上げたりして、身近なところから入る。

　緊張をほぐしてもらうために、簡単なチェックリスト（195p～199p）をやってもらう方法も。参加型研修の要素を強めるなら、プラス5分くらい時間をとって、チェックした後に隣の人とリストについて少し話をしてもらう。

パワハラとは何か？ 　10分又は15分

　・パワハラの定義（64p〜65p、84p〜85p）

　・原因や背景と、起こり得る結果（66p〜69p、92p〜95p）

　・コミュニケーションの希薄化との関係（151p）

　・一方通行のコミュニケーションとの関係（152p）

　パワハラの基本的定義、3つの要素をできるだけわかりやすく説明。また、原因や背景として「コミュニケーションの希薄化」があること、起こり得る結果として、個人、職場、組織にさまざまなダメージがあることを知ってもらう。

　コミュニケーションが希薄化すると、意思疎通が悪くなり誤解やトラブルが生まれやすくなる点、一方通行のコミュニケーションのときには、相手はものを言うことができず、「押し付けられた」、「圧力を掛けられた」と受け取られやすいことなどを説明。

　5分増やせるときは、「パワハラに該当する例、該当しない例」（86p〜87p）を説明すると、具体性が伴う。

パワハラとは何か？（経営者・幹部向け）　10分

　・経営に関係のある「情報と判断」（96p〜101p）

　・企業名公表、SNSのリスク（94p〜95p）

　・措置義務、監督責任（52p〜57p、124p〜127p）

　経営者・幹部は、「情報と判断」の観点から説明すると、身近なこととして感じてもらいやすい。リスクとしては、法的リスク、レピュテーションリスク（企業名公表、SNS）などを伝える。中堅中小企業の場合は、ネットなどでの評判は、採用に大きく影響することを知ってもらう。

　なお、経営者には、パワハラ防止は事業主に課された措置義務であることを確認してもらい、幹部社員には、部下のパワハラに関しての監督責任が生じる点を確認してもらう。

わが社のルールを確認する 10分

　　・就業規則による社内ルールの確認（120p〜123p）

　　・就業規則「テスト」（174p〜179p）

　研修の際、必ず含めるべき必須のモジュール。就業規則やハラスメント防止規程、役員規程、コード・オブ・コンダクトなどで定められたハラスメント防止関連ルールを確認してもらう。監督責任が定められている場合は、研修内容に含める。

　自分の頭で考えると記憶に残りやすいため、「テスト」を使う方法もある。

会社の実情を把握する 10分

　　・社内アンケートからの現状認識クイズ（184p〜185p）

　　・社内アンケート結果説明

　　・その場での現状認識調査（186p〜187p）

　　・会社の事例説明

　社内アンケートからクイズを作って、実情を把握してもらう方法も。アンケート結果を説明したり、最近の会社の事例を説明したりして、会社の実情を伝える。アンケートを採っていない場合は、その場で簡易調査をして認識を共有してもらう方法もある。職場環境の実情について共通認識を持ってもらうことが狙い。

パワハラになる？　ならない？ 10分

　　・パワハラに該当する例、該当しない例（86p〜87p）

　管理職が一番知りたい内容であるため、パワハラの定義を確認したうえで、指針の中の「パワハラに該当する例、該当しない例」（6類型）について、10分くらい使って詳しく解説する。

ケース・ディスカッション 　10分〜 　（188p〜193p）

　　・「悪い事例」（ビデオ等を使うことも）（190p）

　　・改善案ディスカッション

　　・「良い事例」（ビデオ等を使うことも）（191p）

　　・解説

　ビデオで「悪い事例」を見てもらい、「どうすれば良かったのか？」
という改善案を3〜5分ディスカッションしてもらう。その後「良い事
例」を見てもらったうえで、解説をする。ビデオを使わずに、「悪い事
例」を読んでもらって、改善案をディスカッションする方法も。グルー
プ代表に発表してもらうと全体で改善点を共有できる。

どう対応したらよいか？（上司・先輩編） 　10分

　　・パワハラを防ぐコミュニケーション法（151p〜161p）

　　・パワハラにならない指導法（165p〜168p）

　　・相談窓口について（144p〜145p）

　パワハラを防ぐコミュニケーション法、パワハラにならない指導法
などを例示する（参考例としては、第5章のコミュニケーション編、指
導編等から、4〜5つピックアップするなど）。コーチングやアンガー
マネジメントについて説明する方法もある。モジュールを数パターン
作っておいて、使い分けることも可能。なお、上司・先輩が被害者にな
ることもあるため、相談窓口についても触れておく。

どう対応したらよいか？（上司・先輩編） 　10分

　　・相談を受けたときの対応法（147p〜150p）

　上司・先輩として、相談を受けたとき、ハラスメントを目撃したとき
の対応法を説明する（参考例としては、第5章の対応編4〜7など）。

どう対応したらよいか？（部下・後輩編） 10分

・パワハラを受けにくいコミュニケーション法（162p〜164p）

・相談先と相談の仕方（144p〜146p）

部下・後輩として、パワハラを受けにくいコミュニケーション法を例示する（参考例としては、第5章のコミュニケーション編12〜14など）。

また、パワハラを受けたときの相談先、会社の相談制度について伝えたうえで、相談の仕方についても説明する（参考例としては、第5章の対応編1〜3など）。

セクハラ・マタハラとは何か？ 10分

・社外の人、就活生に対するセクハラ（130p〜131p）

・性的少数者差別（129p〜130p）

・マタハラの2つの類型と代表例（132p〜135p）

・マタハラに該当しないケース（133p〜134p）

・円滑なコミュニケーションについて（134p〜135p）

セクハラ研修やマタハラ研修を別途行う方法のほか、パワハラ研修に加える方法もある。セクハラについては、最近のポイント（社外の人や就活生に対するセクハラ、性的少数者差別）を含める。マタハラについては、まだ認知度が低いため、典型的な例（2つの類型、該当しないケース）を含めて基本的なところから説明する。円滑なコミュニケーションの重要性も含める。

クロージング 5分又は10分

・まとめ、質問

研修全体の要約・まとめをしたあとに、質問を受ける。参加者から、感想や、働きやすい職場にするためのアイデアなどを広く聴く方法も。次回研修や会社の施策に生かす。

組立てに決まったものはありませんが、参考例として50分例と、厚生労働省作成の研修例（60分例と90分例）を掲載します。

■50分で実施する場合のタイムテーブル（例）　管理職向け

5分　このニュースどう思いましたか？（オープニング）

・最近のニュース

15分　パワハラとは何だろう？

・パワハラとは？　3つの要素をわかりやすく

・原因や背景、起こり得る結果

・コミュニケーションとの関係

・パワハラに該当する例、該当しない例

10分　ルールを確認しておきましょう

・就業規則による社内ルールの確認

・監督責任について

10分　対応法を確認しておきましょう

・パワハラを防ぐコミュニケーション法

・パワハラにならない指導法

・相談窓口について

10分　働きやすい職場にするために（クロージング）

・まとめ・質問

研修時間が60分のときは、追加で10分のモジュールを入れることができる（「ケース・ディスカッション」や、「セクハラ・マタハラとは何か？」など）。

以下は、厚生労働省『あかるい職場応援団』のサイトで紹介されている研修設計例です。詳しくは同サイトをご確認ください。

■60分で実施する場合のタイムテーブル（例）

> 5分　オープニング/経営層の挨拶「社長メッセージ」等
>
> 5分　職場のパワーハラスメントについて考える
> 　　　　回答とその理由も考える（個人ワーク）
>
> 15分　資料を説明
>
> 5分　職場のパワーハラスメントについて考える
> 　　　　（グループワーク）
>
> 10分　職場のパワーハラスメントについて考える
> 　　　　（解説）
>
> 10分　わが社のルール等
>
> 10分　クロージング
> 　　　　（出席者の数名の方から感想を一言いただく）

（出典：厚生労働省　管理職向け研修資料『職場のパワーハラスメントを考える』）

> ■短い時間でもグループワークを取り入れたり、事例の参考としてビデオを観たりすると実践的な研修になります。
> 　たとえば、クイズ形式の事例を、【個人ワーク→グループワーク→解説】で実施します。個人で考えたうえで、グループで討議するとよいでしょう。
> ■加えて、研修の最後に参加者が日頃感じていることや研修の感想等を発表する時間を設けると、参加者の生の声を聴くことができるので、職場の問題や課題を参加者同士で共有することができます。

（出典：厚生労働省　管理職向け研修資料『職場のパワーハラスメントを考える』）

■90分で実施する場合のタイムテーブル（例）

5分　オープニング/経営層の挨拶「社長メッセージ」等

5分　職場のパワーハラスメントについて考える

　　　回答とその理由も考える（個人ワーク）

20分　資料を説明

10分　ビデオ【5-2】（07：31）：日頃の信頼関係が大切！

　　　ビデオ【1-3】（02：09）：先輩から後輩への無視・いじめ

10分　職場のパワーハラスメントについて考える

　　　（グループワーク）

10分　資料を最後まで説明

10分　職場のパワーハラスメントについて考える

　　　（解説）

10分　わが社のルール等

10分　クロージング

　　　（出席者の数名の方から感想を一言いただく）

（出典：厚生労働省　管理職向け研修資料『職場のパワーハラスメントを考える』）

資　　　料

1　ハラスメント事例集

　ここでは、ケーススタディ用に、苦情相談事例（人事院）、あっせん事例（労働局）、裁判例を掲載しています。

(1)　人事院　苦情相談事例

■事例1　パワハラ関係

　上司は、通常上司と部下の間で行われる情報共有等の業務管理をせず、仕事の案件を上げると、その都度何かしら指摘し、大声で「何でこんなことができないのか。」などと言い、長時間にわたり部下を立たせたまま叱責をする。また、事前に報告している案件について、スケジュールが差し迫ってから、「こう指示しているはずだ。」と怒鳴ったり、指示したりするため、対応が困難な状況となっている。

　このような状況を課長も知っているが、上司は自分の考えが絶対で、課長の言うことも聞かない。

　このような上司への対応で、体調が悪くなっており、他の職員も疲弊している。業務運営に支障が生じるばかりか、自分を含め、職員の健康にも悪影響が出ることととなるため、早急に何とかしてほしい。

■事例2　セクハラ関係

　私の部署のトップから、呼び捨てにされることに疑問を感じている。20代、30代の女性職員に対しては、仕事中でも「○○ちゃん」などの愛称で呼び、40代の女性職員に対しては、「おばちゃん」と呼ぶこともある。

　また、早期退職した女性職員について「ワガママなおばちゃん達」などと侮辱したりする。

　これまで、呼び捨てにされたことはなく、女性職員のことをおばちゃんと言う上司もいなかった。管理職の意識がこのようなものでいいのか。

■事例3　マタハラ・ケアハラ関係

　妻が第一子を出産する予定であるため、夫である私が、育児休業をすることについて上司に相談したところ、「私の立場では駄目と言えないのは分かると思う

けど、当然の権利だと思わないように。」等明らかに歓迎しない態度を取られた。

■事例4　ケアハラ関係

　両親が病気で介護が必要な状態となったので、介護休暇を取得したい旨上司に相談したところ、その2日後にその上司から突然、他の部署に異動と言われたが、この異動を受けるしかないのか。上司とはなかなか話ができる雰囲気ではない職場である。異動の理由は分からないが、後任者も決まっているようである。

(2)　都道府県労働局　個別労働紛争例

■事例5　上司による嫌がらせ
＜事案の概要＞

　申請人は、正社員として勤務していたが、職場の上司が申請人に業務を教えてくれないことや、体力のいる仕事を申請人1人に行わせること、上司と仲の悪い同僚のことを無視するよう強要する等のいやがらせを受けていた。複数の責任者に相談し、上司への指導を求めたが何の対策も行われなかった。その結果、精神的に耐えられなくなり、退職せざるを得なくなった。会社が改善策を講じてくれなかったこと及び上司からの嫌がらせによる精神的苦痛等に対し、60万円の慰謝料を求めたいとしてあっせんを申請した。

＜あっせんのポイント・結果＞

　あっせん委員が双方の主張を聞いたところ、被申請人は申請人からのあっせん申請を受けて社内調査をした結果、上司の対応は配慮に欠ける事項があったことを認めるとともに、再発防止のための教育等を実施すると説明した。

　あっせん委員が会社としての安全配慮義務等について説明したところ、被申請人が謝罪し、申請人の求める事項を可能な限り受け入れる意向を示したところから、解決金として60万円を支払うことで合意が成立し、解決した。

■事例6　先輩による暴行・暴言
＜事案の概要＞

　申請人は、正社員として勤務していたが、職場の先輩から蹴られたり、腹部を殴られたりといった暴行や、申出人に聞こえるように「早く仕事を辞めてほしい」「いなくなってほしい」といった暴言を日常的に受けていた。上司も近くで見ていたが、見て見ぬ振りをして相談にのってもらえず、指導等の対応もしてもらえなかった。先輩からの嫌がらせに対し上司が対応してくれなかったこと及び会社が

改善策を講じてくれなかったことによる精神的苦痛等に対し、90万円の慰謝料を求めたいとしてあっせんを申請した。

<あっせんのポイント・結果>

あっせん委員が双方の主張を聞いたところ、被申請人は申請人からのあっせん申請を受けて社内調査を実施した結果、申請人が主張する事項すべてではないが、先輩から申請人への暴言や上司の不十分な対応があったことを認め、再発防止のための教育等を実施すると説明した。

あっせん委員が会社としての安全配慮義務等について説明したところ、被申請人が謝罪し、解決金として50万円を支払うことで合意が成立し、解決した。

■事例7　支店長によるセクハラ

<事案の概要>

申請人は、支店長から受けたセクシュアルハラスメントについて、会社の責任を認めるよう求めたが拒否されたため、紛争となり、申請人が会社に対し慰謝料等を求めて、あっせん申請を行ったもの。申請人（セクシュアルハラスメントを受けたことによる精神的苦痛から体調不良を訴え休職中）が復職を希望していることから、(1)申請人の休職期間、(2)休業補償の額、(3)慰謝料の額等、会社が講ずべき具体的措置について、当事者双方の主張の調整を行い、当事者双方に対し、(1)申請人が1か月後に復職すること、(2)会社が申請人に対し、慰謝料として150万円を支払うことというあっせん案を提示し、これを双方が受諾したことで合意が成立した。

<あっせんのポイント>

紛争当事者双方とも、セクハラの事実と慰謝料の支払については、争いがないものの、慰謝料の額に大きく隔たりがあった事案。「申請人が復職をするとともに、会社に対し、休業補償及び治療費を含む慰謝料を払う」とするあっせん案を双方とも受諾し、合意が成立したもの。

(3)　裁 判 例

■事例8　上司の注意指導等とパワハラ

（東京地裁八王子支部判決平成2年2月1日労判558-68）

<概　要>

製造業A社の工場に勤務していたBの後片付けの不備、伝言による年休申請に対し、上司CがBに対して反省文の提出等の注意指導を行った。Bは「上司Cの

常軌を逸した言動により人格権を侵害された」と主張して A 社及び上司 C に対し、民事上の損害賠償請求をした。

<判決内容>

　上司には所属の従業員を指導し監督する権限があり、注意し、叱責したことは指導監督する上で必要な範囲内の行為とした上で、本件の場合は、上司 C の、反省書の作成や後片付けの再現等を求めた行為は、指導監督権の行使としては、裁量の範囲を逸脱し、違法性を帯びるに至るとして、A 社と上司 C に対し不法行為（民法709条）に基づき、連帯して15万円の損害の賠償をするよう判示した。

■事例9　先輩によるいじめと会社の法的な責任

（さいたま地裁判決平成16年 9 月24日労判883-38）

<概　要>

　D 病院に勤務していた看護師 E は、先輩看護師 F から飲み会への参加強要や個人的用務の使い走り、何かあると「死ねよ」と告げたり、「殺す」などといった暴言等のいじめを受け、自殺した。

<判決内容>

　判決では先輩看護師 F の E に対するいじめを認定し、先輩看護師 F に E の遺族に対する損害を賠償する不法行為責任（民法709条）と、勤務先である D 病院に対し、安全配慮義務の債務不履行責任（民法415条）を認め、先輩看護師 F が E の遺族に対し負うべき損害賠償額を1,000万円と命じ、D 病院に対して、先輩看護師 F と連帯して500万円の損害を賠償するように判示した。

■事例10　経営者によるパワハラ

（東京地裁判決平成27年 1 月15日）

<概　要>

　職業紹介等の事業を業とする Q 社に雇用されていた R が、Q 社の代表取締役である S 等から執拗にパワーハラスメントを受けたとして、Q 社及び社長 S に対し、不法行為等に基づく損害賠償請求をした。

<判決内容>

　社長 S の R に対する「まじでむかつく、おまえ」、「本当に、いなくなってほしい」などチャットにおける一連の発言及び①違法な業務命令に基づいたり、②多額の損害賠償義務があることを自認させて心理的負荷を加えることを主たる目的とした合計 6 通の始末書の作成指示が不法行為を構成するものとして、社長 S は

不法行為（民法709条）により、Q社は使用者責任（民法715条）により、連帯して50万円の損害（慰謝料）を賠償するように判示した。

2　ハラスメント防止条項

(1)　パワハラ防止条項

●労働施策総合推進法
（雇用管理上の措置等）
第30条の2　事業主は、職場において行われる優越的な関係を背景とした言動であつて、業務上必要かつ相当な範囲を超えたものによりその雇用する労働者の就業環境が害されることのないよう、当該労働者からの相談に応じ、適切に対応するために必要な体制の整備その他の雇用管理上必要な措置を講じなければならない。

2　事業主は、労働者が前項の相談を行つたこと又は事業主による当該相談への対応に協力した際に事実を述べたことを理由として、当該労働者に対して解雇その他不利益な取扱いをしてはならない。

3　厚生労働大臣は、前2項の規定に基づき事業主が講ずべき措置等に関して、その適切かつ有効な実施を図るために必要な指針（以下この条において「指針」という。）を定めるものとする。

4　厚生労働大臣は、指針を定めるに当たつては、あらかじめ、労働政策審議会の意見を聴くものとする。

5　厚生労働大臣は、指針を定めたときは、遅滞なく、これを公表するものとする。

6　前2項の規定は、指針の変更について準用する。

（国、事業主及び労働者の責務）
第30条の3　国は、労働者の就業環境を害する前条第1項に規定する言動を行つてはならないことその他当該言動に起因する問題（以下この条において「優越的言動問題」という。）に対する事業主その他国民一般の関心と理解を深めるため、広報活動、啓発活動その他の措置を講ずるように努めなければならない。

2　事業主は、優越的言動問題に対するその雇用する労働者の関心と理解を深めるとともに、当該労働者が他の労働者に対する言動に必要な注意を払うよう、

研修の実施その他の必要な配慮をするほか、国の講ずる前項の措置に協力する
ように努めなければならない。

3　事業主（その者が法人である場合にあつては、その役員）は、自らも、優越
的言動問題に対する関心と理解を深め、労働者に対する言動に必要な注意を払
うように努めなければならない。

4　労働者は、優越的言動問題に対する関心と理解を深め、他の労働者に対する
言動に必要な注意を払うとともに、事業主の講ずる前条第1項の措置に協力す
るように努めなければならない。

（助言、指導及び勧告並びに公表）

第33条　厚生労働大臣は、この法律の施行に関し必要があると認めるときは、事
業主に対して、助言、指導又は勧告をすることができる。

2　厚生労働大臣は、第30条の2第1項及び第2項（第30条の5第2項及び第30
条の6第2項において準用する場合を含む。第35条及び第36条第1項において
同じ。）の規定に違反している事業主に対し、前項の規定による勧告をした場合
において、その勧告を受けた者がこれに従わなかつたときは、その旨を公表す
ることができる。

（報告の請求）

第36条　厚生労働大臣は、事業主から第30条の2第1項及び第2項の規定の施行
に関し必要な事項について報告を求めることができる。

2　（略）

（罰則）

第41条　第36条第1項の規定による報告をせず、又は虚偽の報告をした者は、20
万円以下の過料に処する。

(2)　セクハラ防止条項

●男女雇用機会均等法
（職場における性的な言動に起因する問題に関する雇用管理上の措置等）

第11条　事業主は、職場において行われる性的な言動に対するその雇用する労働
者の対応により当該労働者がその労働条件につき不利益を受け、又は当該性的
な言動により当該労働者の就業環境が害されることのないよう、当該労働者か

らの相談に応じ、適切に対応するために必要な体制の整備その他の雇用管理上必要な措置を講じなければならない。

2　事業主は、労働者が前項の相談を行つたこと又は事業主による当該相談への対応に協力した際に事実を述べたことを理由として、当該労働者に対して解雇その他不利益な取扱いをしてはならない。

3　事業主は、他の事業主から当該事業主の講ずる第1項の措置の実施に関し必要な協力を求められた場合には、これに応ずるように努めなければならない。

4　厚生労働大臣は、前3項の規定に基づき事業主が講ずべき措置等に関して、その適切かつ有効な実施を図るために必要な指針（次項において「指針」という。）を定めるものとする。

5　第4条第4項及び第5項の規定は、指針の策定及び変更について準用する。この場合において、同条第4項中「聴くほか、都道府県知事の意見を求める」とあるのは、「聴く」と読み替えるものとする。

（職場における性的な言動に起因する問題に関する国、事業主及び労働者の責務）

第11条の2　国は、前条第1項に規定する不利益を与える行為又は労働者の就業環境を害する同項に規定する言動を行つてはならないことその他当該言動に起因する問題（以下この条において「性的言動問題」という。）に対する事業主その他国民一般の関心と理解を深めるため、広報活動、啓発活動その他の措置を講ずるように努めなければならない。

2　事業主は、性的言動問題に対するその雇用する労働者の関心と理解を深めるとともに、当該労働者が他の労働者に対する言動に必要な注意を払うよう、研修の実施その他の必要な配慮をするほか、国の講ずる前項の措置に協力するように努めなければならない。

3　事業主（その者が法人である場合にあつては、その役員）は、自らも、性的言動問題に対する関心と理解を深め、労働者に対する言動に必要な注意を払うように努めなければならない。

4　労働者は、性的言動問題に対する関心と理解を深め、他の労働者に対する言動に必要な注意を払うとともに、事業主の講ずる前条第1項の措置に協力するように努めなければならない。

　＊　助言、指導、勧告、公表、報告の徴収、罰則については、パワハラと同等につき、省略。

(3) マタハラ防止条項

●男女雇用機会均等法
**（職場における妊娠、出産等に関する言動に起因する問題に関する雇用管理上
の措置等）**
第11条の3　事業主は、職場において行われるその雇用する女性労働者に対する
　　当該女性労働者が妊娠したこと、出産したこと、労働基準法第65条第1項の規
　　定による休業を請求し、又は同項若しくは同条第2項の規定による休業をした
　　ことその他の妊娠又は出産に関する事由であつて厚生労働省令で定めるものに
　　関する言動により当該女性労働者の就業環境が害されることのないよう、当該
　　女性労働者からの相談に応じ、適切に対応するために必要な体制の整備その他
　　の雇用管理上必要な措置を講じなければならない。
2　第11条第2項の規定は、労働者が前項の相談を行い、又は事業主による当該
　　相談への対応に協力した際に事実を述べた場合について準用する。
3　厚生労働大臣は、前2項の規定に基づき事業主が講ずべき措置等に関して、
　　その適切かつ有効な実施を図るために必要な指針（次項において「指針」とい
　　う。）を定めるものとする。
4　第4条第4項及び第5項の規定は、指針の策定及び変更について準用する。
　　この場合において、同条第4項中「聴くほか、都道府県知事の意見を求める」
　　とあるのは、「聴く」と読み替えるものとする。

**（職場における妊娠、出産等に関する言動に起因する問題に関する国、事業主及
び労働者の責務）**
第11条の4　国は、労働者の就業環境を害する前条第1項に規定する言動を行つ
　　てはならないことその他当該言動に起因する問題（以下この条において「妊娠・
　　出産等関係言動問題」という。）に対する事業主その他国民一般の関心と理解を
　　深めるため、広報活動、啓発活動その他の措置を講ずるように努めなければな
　　らない。
2　事業主は、妊娠・出産等関係言動問題に対するその雇用する労働者の関心と
　　理解を深めるとともに、当該労働者が他の労働者に対する言動に必要な注意を
　　払うよう、研修の実施その他の必要な配慮をするほか、国の講ずる前項の措置
　　に協力するように努めなければならない。
3　事業主（その者が法人である場合にあつては、その役員）は、自らも、妊娠・

出産等関係言動問題に対する関心と理解を深め、労働者に対する言動に必要な注意を払うように努めなければならない。

4 　労働者は、妊娠・出産等関係言動問題に対する関心と理解を深め、他の労働者に対する言動に必要な注意を払うとともに、事業主の講ずる前条第1項の措置に協力するように努めなければならない。

＊ 　助言、指導、勧告、公表、報告の徴収、罰則については、パワハラと同等につき、省略。

(4) 　ケアハラ防止条項

●育児・介護休業法
（職場における育児休業等に関する言動に起因する問題に関する雇用管理上の措置等）

第25条 　事業主は、職場において行われるその雇用する労働者に対する育児休業、介護休業その他の子の養育又は家族の介護に関する厚生労働省令で定める制度又は措置の利用に関する言動により当該労働者の就業環境が害されることのないよう、当該労働者からの相談に応じ、適切に対応するために必要な体制の整備その他の雇用管理上必要な措置を講じなければならない。

2 　事業主は、労働者が前項の相談を行ったこと又は事業主による当該相談への対応に協力した際に事実を述べたことを理由として、当該労働者に対して解雇その他不利益な取扱いをしてはならない。

（職場における育児休業等に関する言動に起因する問題に関する国、事業主及び労働者の責務）

第25条の2 　国は、労働者の就業環境を害する前条第1項に規定する言動を行ってはならないことその他当該言動に起因する問題（以下この条において「育児休業等関係言動問題」という。）に対する事業主その他国民一般の関心と理解を深めるため、広報活動、啓発活動その他の措置を講ずるように努めなければならない。

2 　事業主は、育児休業等関係言動問題に対するその雇用する労働者の関心と理解を深めるとともに、当該労働者が他の労働者に対する言動に必要な注意を払うよう、研修の実施その他の必要な配慮をするほか、国の講ずる前項の措置に協力するように努めなければならない。

3 　事業主（その者が法人である場合にあっては、その役員）は、自らも、育児休業等関係言動問題に対する関心と理解を深め、労働者に対する言動に必要な

注意を払うように努めなければならない。

4　労働者は、育児休業等関係言動問題に対する関心と理解を深め、他の労働者
に対する言動に必要な注意を払うとともに、事業主の講ずる前条第1項の措置
に協力するように努めなければならない。

＊　助言、指導、勧告、公表、報告の徴収、罰則については、パワハラと同等につき、省略。

3　ハラスメント防止指針

(1)　パワハラ防止指針

**事業主が職場における優越的な関係を背景とした言動に起因する問題に関して
雇用管理上講ずべき措置等についての指針**（令和2年厚生労働省告示第5号）

1　はじめに

この指針は、労働施策の総合的な推進並びに労働者の雇用の安定及び職業生活
の充実等に関する法律（昭和41年法律第132号。以下「法」という。）第30条の2
第1項及び第2項に規定する事業主が職場において行われる優越的な関係を背景
とした言動であって、業務上必要かつ相当な範囲を超えたものにより、その雇用
する労働者の就業環境が害されること（以下「職場におけるパワーハラスメント」
という。）のないよう雇用管理上講ずべき措置等について、同条第3項の規定に基
づき事業主が適切かつ有効な実施を図るために必要な事項について定めたもので
ある。

2　職場におけるパワーハラスメントの内容

(1)　職場におけるパワーハラスメントは、職場において行われる

①　優越的な関係を背景とした言動であって、

②　業務上必要かつ相当な範囲を超えたものにより、

③　労働者の就業環境が害されるものであり、

①から③までの要素を全て満たすものをいう。

なお、客観的にみて、業務上必要かつ相当な範囲で行われる適正な業務指示
や指導については、職場におけるパワーハラスメントには該当しない。

(2)　「職場」とは、事業主が雇用する労働者が業務を遂行する場所を指し、当該労

働者が通常就業している場所以外の場所であっても、当該労働者が業務を遂行する場所については、「職場」に含まれる。

(3) 「労働者」とは、いわゆる正規雇用労働者のみならず、パートタイム労働者、契約社員等いわゆる非正規雇用労働者を含む事業主が雇用する労働者の全てをいう。

また、派遣労働者については、派遣元事業主のみならず、労働者派遣の役務の提供を受ける者についても、労働者派遣事業の適正な運営の確保及び派遣労働者の保護等に関する法律（昭和60年法律第88号）第47条の4の規定により、その指揮命令の下に労働させる派遣労働者を雇用する事業主とみなされ、法第30条の2第1項及び第30条の3第2項の規定が適用されることから、労働者派遣の役務の提供を受ける者は、派遣労働者についてもその雇用する労働者と同様に、3(1)の配慮及び4の措置を講ずることが必要である。なお、法第30条の2第2項、第30条の5第2項及び第30条の6第2項の労働者に対する不利益な取扱いの禁止については、派遣労働者も対象に含まれるものであり、派遣元事業主のみならず、労働者派遣の役務の提供を受ける者もまた、当該者に派遣労働者が職場におけるパワーハラスメントの相談を行ったこと等を理由として、当該派遣労働者に係る労働者派遣の役務の提供を拒む等、当該派遣労働者に対する不利益な取扱いを行ってはならない。

(4) 「優越的な関係を背景とした」言動とは、当該事業主の業務を遂行するに当たって、当該言動を受ける労働者が当該言動の行為者とされる者（以下「行為者」という。）に対して抵抗又は拒絶することができない蓋然性が高い関係を背景として行われるものを指し、例えば、以下のもの等が含まれる。
　・職務上の地位が上位の者による言動
　・同僚又は部下による言動で、当該言動を行う者が業務上必要な知識や豊富な経験を有しており、当該者の協力を得なければ業務の円滑な遂行を行うことが困難であるもの
　・同僚又は部下からの集団による行為で、これに抵抗又は拒絶することが困難であるもの

(5) 「業務上必要かつ相当な範囲を超えた」言動とは、社会通念に照らし、当該言動が明らかに当該事業主の業務上必要性がない、又はその態様が相当でないものを指し、例えば、以下のもの等が含まれる。
　・業務上明らかに必要性のない言動
　・業務の目的を大きく逸脱した言動

・業務を遂行するための手段として不適当な言動
・当該行為の回数、行為者の数等、その態様や手段が社会通念に照らして許容される範囲を超える言動

　この判断に当たっては、様々な要素（当該言動の目的、当該言動を受けた労働者の問題行動の有無や内容・程度を含む当該言動が行われた経緯や状況、業種・業態、業務の内容・性質、当該言動の態様・頻度・継続性、労働者の属性や心身の状況、行為者との関係性等）を総合的に考慮することが適当である。また、その際には、個別の事案における労働者の行動が問題となる場合は、その内容・程度とそれに対する指導の態様等の相対的な関係性が重要な要素となることについても留意が必要である。

(6)　「労働者の就業環境が害される」とは、当該言動により労働者が身体的又は精神的に苦痛を与えられ、労働者の就業環境が不快なものとなったため、能力の発揮に重大な悪影響が生じる等当該労働者が就業する上で看過できない程度の支障が生じることを指す。

　この判断に当たっては、「平均的な労働者の感じ方」、すなわち、同様の状況で当該言動を受けた場合に、社会一般の労働者が、就業する上で看過できない程度の支障が生じたと感じるような言動であるかどうかを基準とすることが適当である。

(7)　職場におけるパワーハラスメントは、(1)の①から③までの要素を全て満たすものをいい（客観的にみて、業務上必要かつ相当な範囲で行われる適正な業務指示や指導については、職場におけるパワーハラスメントには該当しない。）、個別の事案についてその該当性を判断するに当たっては、(5)で総合的に考慮することとした事項のほか、当該言動により労働者が受ける身体的又は精神的な苦痛の程度等を総合的に考慮して判断することが必要である。

　このため、個別の事案の判断に際しては、相談窓口の担当者等がこうした事項に十分留意し、相談を行った労働者（以下「相談者」という。）の心身の状況や当該言動が行われた際の受け止めなどその認識にも配慮しながら、相談者及び行為者の双方から丁寧に事実確認等を行うことも重要である。

　これらのことを十分踏まえて、予防から再発防止に至る一連の措置を適切に講じることが必要である。

　職場におけるパワーハラスメントの状況は多様であるが、代表的な言動の類型としては、以下のイからへまでのものがあり、当該言動の類型ごとに、典型的に職場におけるパワーハラスメントに該当し、又は該当しないと考えられる

例としては、次のようなものがある。

　ただし、個別の事案の状況等によって判断が異なる場合もあり得ること、また、次の例は限定列挙ではないことに十分留意し、4(2)ロにあるとおり広く相談に対応するなど、適切な対応を行うようにすることが必要である。

　なお、職場におけるパワーハラスメントに該当すると考えられる以下の例については、行為者と当該言動を受ける労働者の関係性を個別に記載していないが、(4)にあるとおり、優越的な関係を背景として行われたものであることが前提である。

イ　身体的な攻撃（暴行・傷害）

　(イ)　該当すると考えられる例

　　①　殴打、足蹴りを行うこと。

　　②　相手に物を投げつけること。

　(ロ)　該当しないと考えられる例

　　①　誤ってぶつかること。

ロ　精神的な攻撃（脅迫・名誉棄損・侮辱・ひどい暴言）

　(イ)　該当すると考えられる例

　　①　人格を否定するような言動を行うこと。相手の性的指向・性自認に関する侮辱的な言動を行うことを含む。

　　②　業務の遂行に関する必要以上に長時間にわたる厳しい叱責を繰り返し行うこと。

　　③　他の労働者の面前における大声での威圧的な叱責を繰り返し行うこと。

　　④　相手の能力を否定し、罵倒するような内容の電子メール等を当該相手を含む複数の労働者宛てに送信すること。

　(ロ)　該当しないと考えられる例

　　①　遅刻など社会的ルールを欠いた言動が見られ、再三注意してもそれが改善されない労働者に対して一定程度強く注意をすること。

　　②　その企業の業務の内容や性質等に照らして重大な問題行動を行った労働者に対して、一定程度強く注意をすること。

ハ　人間関係からの切り離し（隔離・仲間外し・無視）

　(イ)　該当すると考えられる例

　　①　自身の意に沿わない労働者に対して、仕事を外し、長期間にわたり、別室に隔離したり、自宅研修させたりすること。

　　②　一人の労働者に対して同僚が集団で無視をし、職場で孤立させること。

（ロ）　該当しないと考えられる例

① 新規に採用した労働者を育成するために短期間集中的に別室で研修等の教育を実施すること。

② 懲戒規定に基づき処分を受けた労働者に対し、通常の業務に復帰させるために、その前に、一時的に別室で必要な研修を受けさせること。

ニ　過大な要求（業務上明らかに不要なことや遂行不可能なことの強制・仕事の妨害）

（イ）　該当すると考えられる例

① 長期間にわたる、肉体的苦痛を伴う過酷な環境下での勤務に直接関係のない作業を命ずること。

② 新卒採用者に対し、必要な教育を行わないまま到底対応できないレベルの業績目標を課し、達成できなかったことに対し厳しく叱責すること。

③ 労働者に業務とは関係のない私的な雑用の処理を強制的に行わせること。

（ロ）　該当しないと考えられる例

① 労働者を育成するために現状よりも少し高いレベルの業務を任せること。

② 業務の繁忙期に、業務上の必要性から、当該業務の担当者に通常時よりも一定程度多い業務の処理を任せること。

ホ　過小な要求（業務上の合理性なく能力や経験とかけ離れた程度の低い仕事を命じることや仕事を与えないこと）

（イ）　該当すると考えられる例

① 管理職である労働者を退職させるため、誰でも遂行可能な業務を行わせること。

② 気にいらない労働者に対して嫌がらせのために仕事を与えないこと。

（ロ）　該当しないと考えられる例

① 労働者の能力に応じて、一定程度業務内容や業務量を軽減すること。

ヘ　個の侵害（私的なことに過度に立ち入ること）

（イ）　該当すると考えられる例

① 労働者を職場外でも継続的に監視したり、私物の写真撮影をしたりすること。

② 労働者の性的指向・性自認や病歴、不妊治療等の機微な個人情報について、当該労働者の了解を得ずに他の労働者に暴露すること。

(ロ) 該当しないと考えられる例

① 労働者への配慮を目的として、労働者の家族の状況等についてヒアリングを行うこと。

② 労働者の了解を得て、当該労働者の性的指向・性自認や病歴、不妊治療等の機微な個人情報について、必要な範囲で人事労務部門の担当者に伝達し、配慮を促すこと。

この点、プライバシー保護の観点から、ヘ(イ)②のように機微な個人情報を暴露することのないよう、労働者に周知・啓発する等の措置を講じることが必要である。

3 事業主等の責務

(1) 事業主の責務

法第30条の3第2項の規定により、事業主は、職場におけるパワーハラスメントを行ってはならないことその他職場におけるパワーハラスメントに起因する問題（以下「パワーハラスメント問題」という。）に対するその雇用する労働者の関心と理解を深めるとともに、当該労働者が他の労働者（他の事業主が雇用する労働者及び求職者を含む。(2)において同じ。）に対する言動に必要な注意を払うよう、研修の実施その他の必要な配慮をするほか、国の講ずる同条第1項の広報活動、啓発活動その他の措置に協力するように努めなければならない。なお、職場におけるパワーハラスメントに起因する問題としては、例えば、労働者の意欲の低下などによる職場環境の悪化や職場全体の生産性の低下、労働者の健康状態の悪化、休職や退職などにつながり得ること、これらに伴う経営的な損失等が考えられる。

また、事業主（その者が法人である場合にあっては、その役員）は、自らも、パワーハラスメント問題に対する関心と理解を深め、労働者（他の事業主が雇用する労働者及び求職者を含む。）に対する言動に必要な注意を払うように努めなければならない。

(2) 労働者の責務

法第30条の3第4項の規定により、労働者は、パワーハラスメント問題に対する関心と理解を深め、他の労働者に対する言動に必要な注意を払うとともに、事業主の講ずる4の措置に協力するように努めなければならない。

4 事業主が職場における優越的な関係を背景とした言動に起因する問題に関し雇用管理上講ずべき措置の内容

事業主は、当該事業主が雇用する労働者又は当該事業主（その者が法人である場合にあっては、その役員）が行う職場におけるパワーハラスメントを防止するため、雇用管理上次の措置を講じなければならない。

(1) 事業主の方針等の明確化及びその周知・啓発

事業主は、職場におけるパワーハラスメントに関する方針の明確化、労働者に対するその方針の周知・啓発として、次の措置を講じなければならない。

なお、周知・啓発をするに当たっては、職場におけるパワーハラスメントの防止の効果を高めるため、その発生の原因や背景について労働者の理解を深めることが重要である。その際、職場におけるパワーハラスメントの発生の原因や背景には、労働者同士のコミュニケーションの希薄化などの職場環境の問題もあると考えられる。そのため、これらを幅広く解消していくことが職場におけるパワーハラスメントの防止の効果を高める上で重要であることに留意することが必要である。

イ 職場におけるパワーハラスメントの内容及び職場におけるパワーハラスメントを行ってはならない旨の方針を明確化し、管理監督者を含む労働者に周知・啓発すること。

（事業主の方針等を明確化し、労働者に周知・啓発していると認められる例）

① 就業規則その他の職場における服務規律等を定めた文書において、職場におけるパワーハラスメントを行ってはならない旨の方針を規定し、当該規定と併せて、職場におけるパワーハラスメントの内容及びその発生の原因や背景を労働者に周知・啓発すること。

② 社内報、パンフレット、社内ホームページ等広報又は啓発のための資料等に職場におけるパワーハラスメントの内容及びその発生の原因や背景並びに職場におけるパワーハラスメントを行ってはならない旨の方針を記載し、配布等すること。

③ 職場におけるパワーハラスメントの内容及びその発生の原因や背景並びに職場におけるパワーハラスメントを行ってはならない旨の方針を労働者に対して周知・啓発するための研修、講習等を実施すること。

ロ 職場におけるパワーハラスメントに係る言動を行った者については、厳正に対処する旨の方針及び対処の内容を就業規則その他の職場における服務規律等を定めた文書に規定し、管理監督者を含む労働者に周知・啓発すること。

（対処方針を定め、労働者に周知・啓発していると認められる例）

① 就業規則その他の職場における服務規律等を定めた文書において、職場におけるパワーハラスメントに係る言動を行った者に対する懲戒規定を定め、その内容を労働者に周知・啓発すること。

② 職場におけるパワーハラスメントに係る言動を行った者は、現行の就業規則その他の職場における服務規律等を定めた文書において定められている懲戒規定の適用の対象となる旨を明確化し、これを労働者に周知・啓発すること。

(2) 相談（苦情を含む。以下同じ。）に応じ、適切に対応するために必要な体制の整備

事業主は、労働者からの相談に対し、その内容や状況に応じ適切かつ柔軟に対応するために必要な体制の整備として、次の措置を講じなければならない。

イ 相談への対応のための窓口（以下「相談窓口」という。）をあらかじめ定め、労働者に周知すること。

（相談窓口をあらかじめ定めていると認められる例）

① 相談に対応する担当者をあらかじめ定めること。

② 相談に対応するための制度を設けること。

③ 外部の機関に相談への対応を委託すること。

ロ イの相談窓口の担当者が、相談に対し、その内容や状況に応じ適切に対応できるようにすること。また、相談窓口においては、被害を受けた労働者が萎縮するなどして相談を躊躇する例もあること等も踏まえ、相談者の心身の状況や当該言動が行われた際の受け止めなどその認識にも配慮しながら、職場におけるパワーハラスメントが現実に生じている場合だけでなく、その発生のおそれがある場合や、職場におけるパワーハラスメントに該当するか否か微妙な場合であっても、広く相談に対応し、適切な対応を行うようにすること。例えば、放置すれば就業環境を害するおそれがある場合や、労働者同士のコミュニケーションの希薄化などの職場環境の問題が原因や背景となってパワーハラスメントが生じるおそれがある場合等が考えられる。

（相談窓口の担当者が適切に対応することができるようにしていると認められる例）

① 相談窓口の担当者が相談を受けた場合、その内容や状況に応じて、相談窓口の担当者と人事部門とが連携を図ることができる仕組みとすること。

② 相談窓口の担当者が相談を受けた場合、あらかじめ作成した留意点など

を記載したマニュアルに基づき対応すること。

③　相談窓口の担当者に対し、相談を受けた場合の対応についての研修を行うこと。

(3)　職場におけるパワーハラスメントに係る事後の迅速かつ適切な対応

事業主は、職場におけるパワーハラスメントに係る相談の申出があった場合において、その事案に係る事実関係の迅速かつ正確な確認及び適正な対処として、次の措置を講じなければならない。

イ　事案に係る事実関係を迅速かつ正確に確認すること。

（事案に係る事実関係を迅速かつ正確に確認していると認められる例）

①　相談窓口の担当者、人事部門又は専門の委員会等が、相談者及び行為者の双方から事実関係を確認すること。その際、相談者の心身の状況や当該言動が行われた際の受け止めなどその認識にも適切に配慮すること。

また、相談者と行為者との間で事実関係に関する主張に不一致があり、事実の確認が十分にできないと認められる場合には、第三者からも事実関係を聴取する等の措置を講ずること。

②　事実関係を迅速かつ正確に確認しようとしたが、確認が困難な場合などにおいて、法第30条の6に基づく調停の申請を行うことその他中立な第三者機関に紛争処理を委ねること。

ロ　イにより、職場におけるパワーハラスメントが生じた事実が確認できた場合においては、速やかに被害を受けた労働者（以下「被害者」という。）に対する配慮のための措置を適正に行うこと。

（措置を適正に行っていると認められる例）

①　事案の内容や状況に応じ、被害者と行為者の間の関係改善に向けての援助、被害者と行為者を引き離すための配置転換、行為者の謝罪、被害者の労働条件上の不利益の回復、管理監督者又は事業場内産業保健スタッフ等による被害者のメンタルヘルス不調への相談対応等の措置を講ずること。

②　法第30条の6に基づく調停その他中立な第三者機関の紛争解決案に従った措置を被害者に対して講ずること。

ハ　イにより、職場におけるパワーハラスメントが生じた事実が確認できた場合においては、行為者に対する措置を適正に行うこと。

（措置を適正に行っていると認められる例）

①　就業規則その他の職場における服務規律等を定めた文書における職場におけるパワーハラスメントに関する規定等に基づき、行為者に対して必要

な懲戒その他の措置を講ずること。

　　あわせて、事案の内容や状況に応じ、被害者と行為者の間の関係改善に向けての援助、被害者と行為者を引き離すための配置転換、行為者の謝罪等の措置を講ずること。

② 法第30条の６に基づく調停その他中立な第三者機関の紛争解決案に従った措置を行為者に対して講ずること。

ニ 改めて職場におけるパワーハラスメントに関する方針を周知・啓発する等の再発防止に向けた措置を講ずること。

　　なお、職場におけるパワーハラスメントが生じた事実が確認できなかった場合においても、同様の措置を講ずること。

（再発防止に向けた措置を講じていると認められる例）

① 職場におけるパワーハラスメントを行ってはならない旨の方針及び職場におけるパワーハラスメントに係る言動を行った者について厳正に対処する旨の方針を、社内報、パンフレット、社内ホームページ等広報又は啓発のための資料等に改めて掲載し、配布等すること。

② 労働者に対して職場におけるパワーハラスメントに関する意識を啓発するための研修、講習等を改めて実施すること。

(4) (1)から(3)までの措置と併せて講ずべき措置

　(1)から(3)までの措置を講ずるに際しては、併せて次の措置を講じなければならない。

　イ 職場におけるパワーハラスメントに係る相談者・行為者等の情報は当該相談者・行為者等のプライバシーに属するものであることから、相談への対応又は当該パワーハラスメントに係る事後の対応に当たっては、相談者・行為者等のプライバシーを保護するために必要な措置を講ずるとともに、その旨を労働者に対して周知すること。なお、相談者・行為者等のプライバシーには、性的指向・性自認や病歴、不妊治療等の機微な個人情報も含まれるものであること。

　　（相談者・行為者等のプライバシーを保護するために必要な措置を講じていると認められる例）

① 相談者・行為者等のプライバシーの保護のために必要な事項をあらかじめマニュアルに定め、相談窓口の担当者が相談を受けた際には、当該マニュアルに基づき対応するものとすること。

② 相談者・行為者等のプライバシーの保護のために、相談窓口の担当者に

必要な研修を行うこと。

③　相談窓口においては相談者・行為者等のプライバシーを保護するために必要な措置を講じていることを、社内報、パンフレット、社内ホームページ等広報又は啓発のための資料等に掲載し、配布等すること。

ロ　法第30条の2第2項、第30条の5第2項及び第30条の6第2項の規定を踏まえ、労働者が職場におけるパワーハラスメントに関し相談をしたこと若しくは事実関係の確認等の事業主の雇用管理上講ずべき措置に協力したこと、都道府県労働局に対して相談、紛争解決の援助の求め若しくは調停の申請を行ったこと又は調停の出頭の求めに応じたこと（以下「パワーハラスメントの相談等」という。）を理由として、解雇その他不利益な取扱いをされない旨を定め、労働者に周知・啓発すること。

（不利益な取扱いをされない旨を定め、労働者にその周知・啓発することについて措置を講じていると認められる例）

①　就業規則その他の職場における服務規律等を定めた文書において、パワーハラスメントの相談等を理由として、労働者が解雇等の不利益な取扱いをされない旨を規定し、労働者に周知・啓発をすること。

②　社内報、パンフレット、社内ホームページ等広報又は啓発のための資料等に、パワーハラスメントの相談等を理由として、労働者が解雇等の不利益な取扱いをされない旨を記載し、労働者に配布等すること。

5　事業主が職場における優越的な関係を背景とした言動に起因する問題に関し行うことが望ましい取組の内容

事業主は、当該事業主が雇用する労働者又は当該事業主（その者が法人である場合にあっては、その役員）が行う職場におけるパワーハラスメントを防止するため、4の措置に加え、次の取組を行うことが望ましい。

(1)　職場におけるパワーハラスメントは、セクシュアルハラスメント（事業主が職場における性的な言動に起因する問題に関して雇用管理上講ずべき措置等についての指針（平成18年厚生労働省告示第615号）に規定する「職場におけるセクシュアルハラスメント」をいう。以下同じ。）、妊娠、出産等に関するハラスメント（事業主が職場における妊娠、出産等に関する言動に起因する問題に関して雇用管理上講ずべき措置等についての指針（平成28年厚生労働省告示第312号）に規定する「職場における妊娠、出産等に関するハラスメント」をいう。）、育児休業等に関するハラスメント（子の養育又は家族の介護を行い、又は行う

こととなる労働者の職業生活と家庭生活との両立が図られるようにするために事業主が講ずべき措置等に関する指針（平成21年厚生労働省告示第509号）に規定する「職場における育児休業等に関するハラスメント」をいう。）その他のハラスメントと複合的に生じることも想定されることから、事業主は、例えば、セクシュアルハラスメント等の相談窓口と一体的に、職場におけるパワーハラスメントの相談窓口を設置し、一元的に相談に応じることのできる体制を整備することが望ましい。

　（一元的に相談に応じることのできる体制の例）
　　① 相談窓口で受け付けることのできる相談として、職場におけるパワーハラスメントのみならず、セクシュアルハラスメント等も明示すること。
　　② 職場におけるパワーハラスメントの相談窓口がセクシュアルハラスメント等の相談窓口を兼ねること。

(2) 事業主は、職場におけるパワーハラスメントの原因や背景となる要因を解消するため、次の取組を行うことが望ましい。

　なお、取組を行うに当たっては、労働者個人のコミュニケーション能力の向上を図ることは、職場におけるパワーハラスメントの行為者・被害者の双方になることを防止する上で重要であることや、業務上必要かつ相当な範囲で行われる適正な業務指示や指導については、職場におけるパワーハラスメントには該当せず、労働者が、こうした適正な業務指示や指導を踏まえて真摯に業務を遂行する意識を持つことも重要であることに留意することが必要である。

　イ　コミュニケーションの活性化や円滑化のために研修等の必要な取組を行うこと。
　（コミュニケーションの活性化や円滑化のために必要な取組例）
　　① 日常的なコミュニケーションを取るよう努めることや定期的に面談やミーティングを行うことにより、風通しの良い職場環境や互いに助け合える労働者同士の信頼関係を築き、コミュニケーションの活性化を図ること。
　　② 感情をコントロールする手法についての研修、コミュニケーションスキルアップについての研修、マネジメントや指導についての研修等の実施や資料の配布等により、労働者が感情をコントロールする能力やコミュニケーションを円滑に進める能力等の向上を図ること。
　ロ　適正な業務目標の設定等の職場環境の改善のための取組を行うこと。
　（職場環境の改善のための取組例）
　　① 適正な業務目標の設定や適正な業務体制の整備、業務の効率化による過

剰な長時間労働の是正等を通じて、労働者に過度に肉体的・精神的負荷を
　　強いる職場環境や組織風土を改善すること。

(3)　事業主は、4の措置を講じる際に、必要に応じて、労働者や労働組合等の参
　　画を得つつ、アンケート調査や意見交換等を実施するなどにより、その運用状
　　況の的確な把握や必要な見直しの検討等に努めることが重要である。なお、労
　　働者や労働組合等の参画を得る方法として、例えば、労働安全衛生法（昭和47
　　年法律第57号）第18条第1項に規定する衛生委員会の活用なども考えられる。

6　事業主が自らの雇用する労働者以外の者に対する言動に関し行うことが望ましい取組の内容

　　3の事業主及び労働者の責務の趣旨に鑑みれば、事業主は、当該事業主が雇用
する労働者が、他の労働者（他の事業主が雇用する労働者及び求職者を含む。）の
みならず、個人事業主、インターンシップを行っている者等の労働者以外の者に
対する言動についても必要な注意を払うよう配慮するとともに、事業主（その者
が法人である場合にあっては、その役員）自らと労働者も、労働者以外の者に対
する言動について必要な注意を払うよう努めることが望ましい。

　　こうした責務の趣旨も踏まえ、事業主は、4(1)イの職場におけるパワーハラス
メントを行ってはならない旨の方針の明確化等を行う際に、当該事業主が雇用す
る労働者以外の者（他の事業主が雇用する労働者、就職活動中の学生等の求職者
及び労働者以外の者）に対する言動についても、同様の方針を併せて示すことが
望ましい。

　　また、これらの者から職場におけるパワーハラスメントに類すると考えられる
相談があった場合には、その内容を踏まえて、4の措置も参考にしつつ、必要に
応じて適切な対応を行うように努めることが望ましい。

7　事業主が他の事業主の雇用する労働者等からのパワーハラスメントや顧客等からの著しい迷惑行為に関し行うことが望ましい取組の内容

　　事業主は、取引先等の他の事業主が雇用する労働者又は他の事業主（その者が
法人である場合にあっては、その役員）からのパワーハラスメントや顧客等から
の著しい迷惑行為（暴行、脅迫、ひどい暴言、著しく不当な要求等）により、そ
の雇用する労働者が就業環境を害されることのないよう、雇用管理上の配慮とし
て、例えば、(1)及び(2)の取組を行うことが望ましい。また、(3)のような取組を行
うことも、その雇用する労働者が被害を受けることを防止する上で有効と考えら

れる。

(1)　相談に応じ、適切に対応するために必要な体制の整備

　　事業主は、他の事業主が雇用する労働者等からのパワーハラスメントや顧客等からの著しい迷惑行為に関する労働者からの相談に対し、その内容や状況に応じ適切かつ柔軟に対応するために必要な体制の整備として、4(2)イ及びロの例も参考にしつつ、次の取組を行うことが望ましい。

　　また、併せて、労働者が当該相談をしたことを理由として、解雇その他不利益な取扱いを行ってはならない旨を定め、労働者に周知・啓発することが望ましい。

　　イ　相談先（上司、職場内の担当者等）をあらかじめ定め、これを労働者に周知すること。

　　ロ　イの相談を受けた者が、相談に対し、その内容や状況に応じ適切に対応できるようにすること。

(2)　被害者への配慮のための取組

　　事業主は、相談者から事実関係を確認し、他の事業主が雇用する労働者等からのパワーハラスメントや顧客等からの著しい迷惑行為が認められた場合には、速やかに被害者に対する配慮のための取組を行うことが望ましい。

　　（被害者への配慮のための取組例）

　　事案の内容や状況に応じ、被害者のメンタルヘルス不調への相談対応、著しい迷惑行為を行った者に対する対応が必要な場合に一人で対応させない等の取組を行うこと。

(3)　他の事業主が雇用する労働者等からのパワーハラスメントや顧客等からの著しい迷惑行為による被害を防止するための取組

　　(1)及び(2)の取組のほか、他の事業主が雇用する労働者等からのパワーハラスメントや顧客等からの著しい迷惑行為からその雇用する労働者が被害を受けることを防止する上では、事業主が、こうした行為への対応に関するマニュアルの作成や研修の実施等の取組を行うことも有効と考えられる。

　　また、業種・業態等によりその被害の実態や必要な対応も異なると考えられることから、業種・業態等における被害の実態や業務の特性等を踏まえて、それぞれの状況に応じた必要な取組を進めることも、被害の防止に当たっては効果的と考えられる。

以下、(2)〜(4)の３つの指針は、パワハラ防止指針との主な相違点のみ掲載。

(2) セクハラ防止指針

事業主が職場における性的な言動に起因する問題に関して雇用管理上講ずべき措置等についての指針（平成18年厚生労働省告示第615号）（最終改正：令和２年厚生労働省告示第６号）

1 はじめに（略）

2 職場におけるセクシュアルハラスメントの内容

(1) 職場におけるセクシュアルハラスメントには、職場において行われる性的な言動に対する労働者の対応により当該労働者がその労働条件につき不利益を受けるもの（以下「対価型セクシュアルハラスメント」という。）と、当該性的な言動により労働者の就業環境が害されるもの（以下「環境型セクシュアルハラスメント」という。）がある。

　なお、職場におけるセクシュアルハラスメントには、同性に対するものも含まれるものである。また、被害を受けた者（以下「被害者」という。）の性的指向又は性自認にかかわらず、当該者に対する職場におけるセクシュアルハラスメントも、本指針の対象となるものである。

(2) （略）

(3) （略）

(4) 「性的な言動」とは、性的な内容の発言及び性的な行動を指し、この「性的な内容の発言」には、性的な事実関係を尋ねること、性的な内容の情報を意図的に流布すること等が、「性的な行動」には、性的な関係を強要すること、必要なく身体に触ること、わいせつな図画を配布すること等が、それぞれ含まれる。当該言動を行う者には、労働者を雇用する事業主（その者が法人である場合にあってはその役員。以下この(4)において同じ。）、上司、同僚に限らず、取引先等の他の事業主又はその雇用する労働者、顧客、患者又はその家族、学校における生徒等もなり得る。

(5) 「対価型セクシュアルハラスメント」とは、職場において行われる労働者の意に反する性的な言動に対する労働者の対応により、当該労働者が解雇、降格、

減給等の不利益を受けることであって、その状況は多様であるが、典型的な例
として、次のようなものがある。

  イ 事務所内において事業主が労働者に対して性的な関係を要求したが、拒否
    されたため、当該労働者を解雇すること。

  ロ 出張中の車中において上司が労働者の腰、胸等に触ったが、抵抗されたた
    め、当該労働者について不利益な配置転換をすること。

  ハ 営業所内において事業主が日頃から労働者に係る性的な事柄について公然
    と発言していたが、抗議されたため、当該労働者を降格すること。

(6) 「環境型セクシュアルハラスメント」とは、職場において行われる労働者の意
に反する性的な言動により労働者の就業環境が不快なものとなったため、能力
の発揮に重大な悪影響が生じる等当該労働者が就業する上で看過できない程度
の支障が生じることであって、その状況は多様であるが、典型的な例として、
次のようなものがある。

  イ 事務所内において上司が労働者の腰、胸等に度々触ったため、当該労働者
    が苦痛に感じてその就業意欲が低下していること。

  ロ 同僚が取引先において労働者に係る性的な内容の情報を意図的かつ継続的
    に流布したため、当該労働者が苦痛に感じて仕事が手につかないこと。

  ハ 労働者が抗議をしているにもかかわらず、事務所内にヌードポスターを掲
    示しているため、当該労働者が苦痛に感じて業務に専念できないこと。

3　事業主等の責務

(1) 事業主の責務　（略）

(2) 労働者の責務　（略）

4　事業主が職場における性的な言動に起因する問題に関し雇用管理上講ずべき措置の内容

事業主は、職場におけるセクシュアルハラスメントを防止するため、雇用管理
上次の措置を講じなければならない。

(1) 事業主の方針等の明確化及びその周知・啓発

事業主は、職場におけるセクシュアルハラスメントに関する方針の明確化、労
働者に対するその方針の周知・啓発として、次の措置を講じなければならない。

なお、周知・啓発をするに当たっては、職場におけるセクシュアルハラスメン
トの防止の効果を高めるため、その発生の原因や背景について労働者の理解を深

めることが重要である。その際、職場におけるセクシュアルハラスメントの発生
の原因や背景には、性別役割分担意識に基づく言動もあると考えられ、こうした
言動をなくしていくことがセクシュアルハラスメントの防止の効果を高める上で
重要であることに留意することが必要である。（以下略）

(2) （略）

(3) （略）

(4) （略）

5　他の事業主の講ずる雇用管理上の措置の実施に関する協力

　法第11条第3項の規定により、事業主は、当該事業主が雇用する労働者又は当
該事業主（その者が法人である場合にあっては、その役員）による他の事業主の
雇用する労働者に対する職場におけるセクシュアルハラスメントに関し、他の事
業主から、事実関係の確認等の雇用管理上の措置の実施に関し必要な協力を求め
られた場合には、これに応ずるように努めなければならない。

　また、同項の規定の趣旨に鑑みれば、事業主が、他の事業主から雇用管理上の
措置への協力を求められたことを理由として、当該事業主に対し、当該事業主と
の契約を解除する等の不利益な取扱いを行うことは望ましくないものである。

6　事業主が職場における性的な言動に起因する問題に関し行うことが望ましい取組の内容

　（略）

7　事業主が自らの雇用する労働者以外の者に対する言動に関し行うことが望ましい取組の内容

　（略）

(3)　マタハラ防止指針

　事業主が職場における妊娠、出産等に関する言動に起因する問題に関して雇用
管理上講ずべき措置等についての指針（平成28年厚生労働省告示第312号）（最終
改正：令和2年厚生労働省告示第6号）

1　はじめに（略）

2 職場における妊娠、出産等に関するハラスメントの内容

(1) 職場における妊娠、出産等に関するハラスメントには、上司又は同僚から行われる以下のものがある。なお、業務分担や安全配慮等の観点から、客観的にみて、業務上の必要性に基づく言動によるものについては、職場における妊娠、出産等に関するハラスメントには該当しない。

　イ　その雇用する女性労働者の労働基準法（昭和22年法律第49号）第65条第１項の規定による休業その他の妊娠又は出産に関する制度又は措置の利用に関する言動により就業環境が害されるもの（以下「制度等の利用への嫌がらせ型」という。）

　ロ　その雇用する女性労働者が妊娠したこと、出産したことその他の妊娠又は出産に関する言動により就業環境が害されるもの（以下「状態への嫌がらせ型」という。）

(2) （略）

(3) （略）

(4) 「制度等の利用への嫌がらせ型」とは、具体的には、イ①から⑥までに掲げる制度又は措置（以下「制度等」という。）の利用に関する言動により就業環境が害されるものである。典型的な例として、ロに掲げるものがあるが、ロに掲げるものは限定列挙ではないことに留意が必要である。

　イ　制度等

　　①　妊娠中及び出産後の健康管理に関する措置（母性健康管理措置）（均等則第２条の３第３号関係）

　　②　坑内業務の就業制限及び危険有害業務の就業制限（均等則 第２条の３第４号関係）

　　③　産前休業（均等則第２条の３第５号関係）

　　④　軽易な業務への転換（均等則第２条の３第６号関係）

　　⑤　変形労働時間制がとられる場合における法定労働時間を超える労働時間の制限、時間外労働及び休日労働の制限並びに深夜業の制限（均等則第２条の３第７号関係）

　　⑥　育児時間（均等則第２条の３第８号関係）

　ロ　典型的な例

　　①　解雇その他不利益な取扱い（法第９条第３項に規定する解雇その他不利益な取扱いをいう。以下同じ。）を示唆するもの
　　　女性労働者が、制度等の利用の請求等（措置の求め、請求又は申出をい

う。以下同じ。）をしたい旨を上司に相談したこと、制度等の利用の請求等をしたこと、又は制度等の利用をしたことにより、上司が当該女性労働者に対し、解雇その他不利益な取扱いを示唆すること。

② 制度等の利用の請求等又は制度等の利用を阻害するもの

客観的にみて、言動を受けた女性労働者の制度等の利用の請求等又は制度等の利用が阻害されるものが該当する。

(イ) 女性労働者が制度等の利用の請求等をしたい旨を上司に相談したところ、上司が当該女性労働者に対し、当該請求等をしないよう言うこと。

(ロ) 女性労働者が制度等の利用の請求等をしたところ、上司が当該女性労働者に対し、当該請求等を取り下げるよう言うこと。

(ハ) 女性労働者が制度等の利用の請求等をしたい旨を同僚に伝えたところ、同僚が当該女性労働者に対し、繰り返し又は継続的に当該請求等をしないよう言うこと（当該女性労働者がその意に反することを当該同僚に明示しているにもかかわらず、更に言うことを含む。）。

(ニ) 女性労働者が制度等の利用の請求等をしたところ、同僚が当該女性労働者に対し、繰り返し又は継続的に当該請求等を取り下げるよう言うこと（当該女性労働者がその意に反することを当該同僚に明示しているにもかかわらず、更に言うことを含む。）。

③ 制度等の利用をしたことにより嫌がらせ等をするもの

客観的にみて、言動を受けた女性労働者の能力の発揮や継続就業に重大な悪影響が生じる等当該女性労働者が就業する上で看過できない程度の支障が生じるようなものが該当する。

女性労働者が制度等の利用をしたことにより、上司又は同僚が当該女性労働者に対し、繰り返し又は継続的に嫌がらせ等（嫌がらせ的な言動、業務に従事させないこと又は専ら雑務に従事させることをいう。以下同じ。）をすること（当該女性労働者がその意に反することを当該上司又は同僚に明示しているにもかかわらず、更に言うことを含む。）。

(5) 「状態への嫌がらせ型」とは、具体的には、イ①から⑤までに掲げる妊娠又は出産に関する事由（以下「妊娠等したこと」という。）に関する言動により就業環境が害されるものである。典型的な例として、ロに掲げるものがあるが、ロに掲げるものは限定列挙ではないことに留意が必要である。

イ 妊娠又は出産に関する事由

① 妊娠したこと（均等則第２条の３第１号関係）。

② 出産したこと（均等則第2条の3第2号関係）。

③ 坑内業務の就業制限若しくは危険有害業務の就業制限の規定により業務に就くことができないこと又はこれらの業務に従事しなかったこと（均等則第2条の3第4号関係）。

④ 産後の就業制限の規定により就業できず、又は産後休業をしたこと（均等則第2条の3第5号関係）。

⑤ 妊娠又は出産に起因する症状により労務の提供ができないこと若しくはできなかったこと又は労働能率が低下したこと（均等則第2条の3第9号関係）。なお、「妊娠又は出産に起因する症状」とは、つわり、妊娠悪阻、切迫流産、出産後の回復不全等、妊娠又は出産をしたことに起因して妊産婦に生じる症状をいう。

ロ 典型的な例

① 解雇その他不利益な取扱いを示唆するもの

女性労働者が妊娠等したことにより、上司が当該女性労働者に対し、解雇その他不利益な取扱いを示唆すること。

② 妊娠等したことにより嫌がらせ等をするもの

客観的にみて、言動を受けた女性労働者の能力の発揮や継続就業に重大な悪影響が生じる等当該女性労働者が就業する上で看過できない程度の支障が生じるようなものが該当する。

女性労働者が妊娠等したことにより、上司又は同僚が当該女性労働者に対し、繰り返し又は継続的に嫌がらせ等をすること（当該女性労働者がその意に反することを当該上司又は同僚に明示しているにもかかわらず、更に言うことを含む。）。

3　事業主等の責務

(1) 事業主の責務　（略）

(2) 労働者の責務　（略）

4　事業主が職場における妊娠、出産等に関する言動に起因する問題に関し雇用管理上講ずべき措置の内容

事業主は、職場における妊娠、出産等に関するハラスメントを防止するため、雇用管理上次の措置を講じなければならない。なお、事業主が行う妊娠、出産等を理由とする不利益取扱い（就業環境を害する行為を含む。）については、既に法

第9条第3項で禁止されており、こうした不利益取扱いを行わないため、当然に自らの行為の防止に努めることが求められる。

(1) 事業主の方針等の明確化及びその周知・啓発

　事業主は、職場における妊娠、出産等に関するハラスメントに対する方針の明確化、労働者に対するその方針の周知・啓発として、次の措置を講じなければならない。

　なお、周知・啓発をするに当たっては、職場における妊娠、出産等に関するハラスメントの防止の効果を高めるため、その発生の原因や背景について労働者の理解を深めることが重要である。その際、職場における妊娠、出産等に関するハラスメントの発生の原因や背景には、(i)妊娠、出産等に関する否定的な言動（不妊治療に対する否定的な言動を含め、他の女性労働者の妊娠、出産等の否定につながる言動（当該女性労働者に直接行わない言動も含む。）をいい、単なる自らの意思の表明を除く。以下同じ。）が頻繁に行われるなど制度等の利用又は制度等の利用の請求等をしにくい職場風土や、(ii)制度等の利用ができることの職場における周知が不十分であることなどもあると考えられる。そのため、これらを解消していくことが職場における妊娠、出産等に関するハラスメントの防止の効果を高める上で重要であることに留意することが必要である。（以下略）

(2) （略）

(3) （略）

(4) 職場における妊娠、出産等に関するハラスメントの原因や背景となる要因を解消するための措置

　事業主は、職場における妊娠、出産等に関するハラスメントの原因や背景となる要因を解消するため、業務体制の整備など、事業主や妊娠等した労働者その他の労働者の実情に応じ、必要な措置を講じなければならない（派遣労働者にあっては、派遣元事業主に限る。）。

　なお、措置を講ずるに当たっては、

(i) 職場における妊娠、出産等に関するハラスメントの背景には妊娠、出産等に関する否定的な言動もあるが、当該言動の要因の一つには、妊娠した労働者がつわりなどの体調不良のため労務の提供ができないことや労働能率が低下すること等により、周囲の労働者の業務負担が増大することもあることから、周囲の労働者の業務負担等にも配慮すること

(ii) 妊娠等した労働者の側においても、制度等の利用ができるという知識を持つことや、周囲と円滑なコミュニケーションを図りながら自身の体調等に応

じて適切に業務を遂行していくという意識を持つこと

のいずれも重要であることに留意することが必要である（5⑵において同じ。）。

（業務体制の整備など、必要な措置を講じていると認められる例）

①　妊娠等した労働者の周囲の労働者への業務の偏りを軽減するよう、適切に業務分担の見直しを行うこと。

②　業務の点検を行い、業務の効率化等を行うこと。

(5)　（略）

5　事業主が職場における妊娠、出産等に関する言動に起因する問題に関し行うことが望ましい取組の内容

（略）

6　事業主が自らの雇用する労働者以外の者に対する言動に関し行うことが望ましい取組の内容

（略）

⑷　ケアハラ防止指針

子の養育又は家族の介護を行い、又は行うこととなる労働者の職業生活と家庭生活との両立が図られるようにするために事業主が講ずべき措置等に関する指針（抄）（平成21年厚生労働省告示第509号）（最終改正：令和2年厚生労働省告示第6号）

十四　法第25条の規定により、事業主が職場における育児休業等に関する言動に起因する問題に関して雇用管理上必要な措置等を講ずるに当たっての事項

　㊀　職場における育児休業等に関するハラスメントの内容

　　イ　職場における育児休業等に関するハラスメントには、上司又は同僚から行われる、その雇用する労働者に対する制度等の利用に関する言動により就業環境が害されるものがあること。なお、業務分担や安全配慮等の観点から、客観的にみて、業務上の必要性に基づく言動によるものについては、職場における育児休業等に関するハラスメントには該当しないこと。

　　ロ　（略）

　　ハ　（略）

ニ　イに規定する「その雇用する労働者に対する制度等の利用に関する言動により就業環境が害されるもの」とは、具体的には(イ)①から⑩までに掲げる制度等の利用に関する言動により就業環境が害されるものであること。典型的な例として、(ロ)に掲げるものがあるが、(ロ)に掲げるものは限定列挙ではないことに留意が必要であること。

(イ)　制度等

　①　育児休業（則第76条第1号関係）

　②　介護休業（則第76条第2号関係）

　③　子の看護休暇（則第76条第3号関係）

　④　介護休暇（則第76条第4号関係）

　⑤　所定外労働の制限（則第76条第5号関係）

　⑥　時間外労働の制限（則第76条第6号関係）

　⑦　深夜業の制限（則第76条第7号関係）

　⑧　育児のための所定労働時間の短縮措置（則第76条第8号関係）

　⑨　始業時刻変更等の措置（則第76条第9号関係）

　⑩　介護のための所定労働時間の短縮措置（則第76条第10号関係）

(ロ)　典型的な例

　①　解雇その他不利益な取扱い（法第十条（法第十六条、第十六条の四及び第十六条の七において準用する場合を含む。）、第十六条の十、第十八条の二、第二十条の二及び第二十三条の二に規定する解雇その他不利益な取扱いをいう。以下同じ。）を示唆するもの

　　労働者が、制度等の利用の申出等をしたい旨を上司に相談したこと、制度等の利用の申出等をしたこと又は制度等の利用をしたことにより、上司が当該労働者に対し、解雇その他不利益な取扱いを示唆すること。

　②　制度等の利用の申出等又は制度等の利用を阻害するもの

　　客観的にみて、言動を受けた労働者の制度等の利用の申出等又は制度等の利用が阻害されるものが該当すること。ただし、労働者の事情やキャリアを考慮して、早期の職場復帰を促すことは制度等の利用が阻害されるものに該当しないこと。

　　(1)　労働者が制度等の利用の申出等をしたい旨を上司に相談したところ、上司が当該労働者に対し、当該申出等をしないよう言うこと。

　　(2)　労働者が制度等の利用の申出等をしたところ、上司が当該労働者

に対し、当該申出等を取り下げるよう言うこと。

(3) 労働者が制度等の利用の申出等をしたい旨を同僚に伝えたところ、同僚が当該労働者に対し、繰り返し又は継続的に当該申出等をしないよう言うこと（当該労働者がその意に反することを当該同僚に明示しているにもかかわらず、更に言うことを含む。）。

(4) 労働者が制度等の利用の申出等をしたところ、同僚が当該労働者に対し、繰り返し又は継続的に当該申出等を撤回又は取下げをするよう言うこと（当該労働者がその意に反することを当該同僚に明示しているにもかかわらず、更に言うことを含む。）。

③ 制度等の利用をしたことにより嫌がらせ等をするもの

客観的にみて、言動を受けた労働者の能力の発揮や継続就業に重大な悪影響が生じる等当該労働者が就業する上で看過できない程度の支障が生じるようなものが該当すること。

労働者が制度等の利用をしたことにより、上司又は同僚が当該労働者に対し、繰り返し又は継続的に嫌がらせ等（嫌がらせ的な言動、業務に従事させないこと又は専ら雑務に従事させることをいう。以下同じ。）をすること（当該労働者がその意に反することを当該上司又は同僚に明示しているにもかかわらず、更に言うことを含む。）。

(二) 事業主等の責務

イ　事業主の責務　（略）

ロ　労働者の責務　（略）

(三) 事業主が職場における育児休業等に関する言動に起因する問題に関し雇用管理上講ずべき措置の内容

イ　事業主の方針等の明確化及びその周知・啓発

事業主は、職場における育児休業等に関するハラスメントに対する方針の明確化、労働者に対するその方針の周知・啓発として、次の措置を講じなければならないこと。

なお、周知・啓発をするに当たっては、職場における育児休業等に関するハラスメントの防止の効果を高めるため、その発生の原因や背景について労働者の理解を深めることが重要であること。その際、職場における育児休業等に関するハラスメントの発生の原因や背景には、(i)育児休業等に関する否定的な言動（他の労働者の制度等の利用の否定につながる言動（当該労働者に直接行わない言動も含む。）をいい、単なる自らの意思の表明を除く。以下

同じ。）が頻繁に行われるなど制度等の利用又は制度等の利用の申出等をしにくい職場風土や、(ⅱ)制度等の利用ができることの職場における周知が不十分であることなどもあると考えられること。そのため、これらを解消していくことが職場における育児休業等に関するハラスメントの防止の効果を高める上で重要であることに留意することが必要であること。（以下略）

ロ　（略）

ハ　（略）

ニ　職場における育児休業等に関するハラスメントの原因や背景となる要因を解消するための措置

　事業主は、職場における育児休業等に関するハラスメントの原因や背景となる要因を解消するため、業務体制の整備など、事業主や制度等の利用を行う労働者その他の労働者の実情に応じ、必要な措置を講じなければならないこと（派遣労働者にあっては、派遣元事業主に限る。）。

　なお、措置を講ずるに当たっては、

（ⅰ）職場における育児休業等に関するハラスメントの背景には育児休業等に関する否定的な言動もあるが、当該言動の要因の一つには、労働者が所定労働時間の短縮措置を利用することで短縮分の労務提供ができなくなること等により、周囲の労働者の業務負担が増大することもあることから、周囲の労働者の業務負担等にも配慮すること

（ⅱ）労働者の側においても、制度等の利用ができるという知識を持つことや周囲と円滑なコミュニケーションを図りながら自身の制度の利用状況等に応じて適切に業務を遂行していくという意識を持つこと

のいずれも重要であることに留意することが必要である（四ロにおいて同じ。）。

（業務体制の整備など、必要な措置を講じていると認められる例）

①　制度等の利用を行う労働者の周囲の労働者への業務の偏りを軽減するよう、適切に業務分担の見直しを行うこと。

②　業務の点検を行い、業務の効率化等を行うこと。

ホ　（略）

㈣　事業主が職場における育児休業等に関する言動に起因する問題に関し行うことが望ましい取組の内容　（略）

参考文献

- ピーター・センゲ著　枝廣淳子/小田理一郎/中小路佳代子訳　『学習する組織』（英治出版）
- ハーバート・サイモン著　松田武彦/高柳暁/二村敏子訳　『経営行動　第3版』（ダイヤモンド社）
- ハーバート・サイモン著　稲葉元吉/倉井武夫訳　『意思決定の科学』（産業能率大学出版部）
- ピーター・ドラッカー著　有賀裕子訳　『マネジメント　務め、責任、実践 I II III IV』（日経BP）
- アンリ・フェイヨル著　都筑栄訳　『産業並に一般の管理』（風間書房）
- アンドリュー・グローブ著　小林薫監訳　『ワン・オン・ワン』（パーソナルメディア）
- アンドリュー・グローブ著　小林薫訳　『インテル経営の秘密』（早川書房）
- デービッド・パッカード著　伊豆原弓訳　『HPウェイ』（日本経済新聞出版）
- ウォルター・アイザックソン著　井口耕二訳　『スティーブ・ジョブズ』（講談社）
- スタンリー・マクリスタル著　吉川南/尼丁千津子/高取芳彦訳　『チーム・オブ・チームズ』（日経BP）
- ジェームズ・リーズン著　塩見弘監訳　高野研一/佐相邦英訳　『組織事故』（日科技連出版社）
- ジェームズ・リーズン/アラン・ホッブズ著　高野研一監訳　佐相邦英/弘津祐子/上野彰訳　『保守事故』（日科技連出版社）
- リーダー・トゥー・リーダー研究所他著　渡辺博訳　『アメリカ陸軍リーダーシップ』（生産性出版）
- ティク・ナット・ハン著　岡田直子訳　『怒り　心の炎の静め方』（サンガ）
- 加藤貴之著　『上司が萎縮しないパワハラ対策』（日本法令）
- 中村文子/ボブ・パイク著　『研修デザインハンドブック』（日本能率協会マネジメントセンター）
- 中村文子/ボブ・パイク著　『講師・インストラクターハンドブック』（日本能率協会マネジメントセンター）

- 中村文子/ボブ・パイク著　『研修アクティビティハンドブック』（日本能率協会マネジメントセンター）
- 日本経済団体連合会『2020年版　経営労働政策特別委員会報告』（経団連出版）
- 「平成28年度　職場のパワーハラスメントに関する実態調査報告書」（厚生労働省）
- 「パワーハラスメント対策導入マニュアル」第3版、第4版（厚生労働省）
- 管理職向け研修資料「職場のパワーハラスメントを考える」（厚生労働省）
- パンフレット「職場におけるセクシュアルハラスメント対策や妊娠・出産・育児休業・介護休業等に関するハラスメント対策は事業主の義務です!!」（厚生労働省）
- 「年次報告書」平成29年度　平成30年度（人事院）
- 「公務職場におけるパワー・ハラスメント防止対策検討会報告案」（人事院）
- HHS SAMHSA/Workplaces That Thrive
- CIPD report 2020/Managing conflict in the modern workplace
- ACAS/Bullying and harassment at work：A guide for managers and employers
- ACAS/Mediation：An approach to resolving workplace issues
- The toxic triangle：Destructive leaders, susceptible followers, and conductive environments/Art Padilla, Robert Hogan, Robert B. Kaiser/The Leadership Quarterly 18（2007）
- Does Mental Practice Enhance Performance?/James E. Driskell, Carolyn Copper, Aidan Moran/Journal of Applied Psychology 1994
- MCDP6/Command and Control/U. S. Marine Corps

著者略歴

加藤　貴之〔かとう・たかゆき〕

　1962 年生。早稲田大学卒。（株）ぎょうせい入社後、米経済誌『フォーブス』日本版編集部勤務。96 年に退職し、情報サイト「ストレスケア・コム」設立。日本産業カウンセリングセンターコンサルタントを経て、2000 年から（株）メンティグループ代表取締役コンサルタント。「組織コミュニケーション」の観点から企業・官公庁のパワハラ対策に携わり、1 万人を超える人にパワハラ研修を行う。人事・総務担当者、社会保険労務士向けの研修も行っている。

　著書：『上司が萎縮しないパワハラ対策』（日本法令）、『ストレス解消ハンドブック』（PHP 研究所）　監修ビデオ：『メンタルケアの聞く技術』『セクハラ相談　加害者ヒアリングの進め方』（以上、日本経済新聞出版社）、『メンタルヘルスケア実践のポイント』（PHP 研究所）。

人事・総務担当者のための　　　　令和 2 年 6 月 20 日　初版発行
ハラスメント研修 設計・実践ハンドブック　令和 5 年 10 月 1 日　初版 4 刷

日本法令 ®

検印省略

著　者　加　藤　貴　之
発行者　青　木　健　次
編集者　岩　倉　春　光
印刷所　三　　報　　社
製本所　国　　宝　　社

〒 101-0032
東京都千代田区岩本町 1 丁目 2 番 19 号
https://www.horei.co.jp/

（営　業）　TEL　03-6858-6967　　Eメール　syuppan@horei.co.jp
（通　販）　TEL　03-6858-6966　　Eメール　book.order@horei.co.jp
（編　集）　FAX　03-6858-6957　　Eメール　tankoubon@horei.co.jp

（オンラインショップ）https://www.horei.co.jp/iec/
（お 詫 び と 訂 正）https://www.horei.co.jp/book/owabi.shtml
（書籍の追加情報）https://www.horei.co.jp/book/osirasebook.shtml

※万一、本書の内容に誤記等が判明した場合には、上記「お詫びと訂正」に最新情報を掲載
　しております。ホームページに掲載されていない内容につきましては、FAX またはE
　メールで編集までお問合せください。

© T. Kato 2020. Printed in JAPAN
ISBN 978-4-539-72758-4

便利でお得な 定期購読のご案内

定期購読会員（※1）の特典

送料無料で確実に最新号が手元に届く！
（配達事情により遅れる場合があります）

少しだけ安く購読できる！
- ビジネスガイド定期購読（1年 12 冊）の場合：1 冊当たり約 155 円割引
- ビジネスガイド定期購読（2年 24 冊）の場合：1 冊当たり約 260 円割引
- SR定期購読（1年 4冊（※2））の場合：1 冊当たり約 410 円割引

会員専用サイトを利用できる！

割引価格でセミナーを受講できる！

割引価格で書籍やDVD等の弊社商品を購入できる

定期購読のお申込み方法

振込用紙に必要事項を記入して郵便局で購読料金を振り込むだけで，手続きは完了します！
まずは雑誌定期購読担当【☎03-6858-6960 ／✉kaiin@horei.co.jp】にご連絡ください

1. 雑誌定期購読担当より専用振込用紙をお送りします。振込用紙に，①ご住所，②ご氏名（企業
   の場合は会社名および部署名），③お電話番号，④ご希望の雑誌ならびに開始号，⑤購読料
   （ビジネスガイド1年 12 冊：12,650円，ビジネスガイド2年 24 冊：22,770円，SR1 年 4 冊
   5,830円）をご記入ください。

2. ご記入いただいた金額を郵便局にてお振り込みください。

3. ご指定号より発送いたします。

（※1）定期購読会員とは，弊社に直接1年（または2年）の定期購読をお申し込みいただいた方をいいます。開始号
　　　お客様のご指定号となりますが，バックナンバーから開始をご希望になる場合は，品切れの場合があるため，
　　　らかじめ雑誌定期購読担当までご確認ください。なお，バックナンバーのみの定期購読はできません。

（※2）原則として，2・5・8・11月の5日発行です。